監修者――佐藤次高／木村靖二／岸本美緒

［カバー表写真］
イエメンの奴隷商人
（ハリーリーの「マカーマート」の挿絵，1237 年，パリ国立図書館）

［カバー裏写真］
マムルーク
（『騎士の心得の書』の挿絵，1366 年，チェスタービーティー図書館蔵，ダブリン）

［扉写真］
スルタンの妻たち
（オスマン帝国時代のミニアチュール，18 世紀，イスタンブル大学図書館蔵）

世界史リブレット101

イスラーム史のなかの奴隷

Shimizu Kazuhiro
清水和裕

目次

イスラーム社会の歴史と奴隷制

イスラーム社会の奴隷制は世界史的にユニークなものといわれることが多い。宮廷ではカリフ▲やスルタン▲の寵姫《ちょうき》、宦官、小姓といった奴隷たちが、華麗な内宮（ハレム）の生活を支え、荘厳な宮廷行事をもつかさどり、また精強な奴隷軍人たちがその周囲を守り固めた。奴隷軍人は、戦場にあっては果敢に外敵と戦い、市中にあってはそのきらびやかな軍装と豪華な私生活で、一般の人々の耳目を惹きつけた。

市中の生活でも奴隷の姿は社会のいたるところにみられた。権力者や裕福な商人は、正式の妻のほかに多くの奴隷妾姫をかかえ、また奴隷少年を自らの手足として駆使したのみならず、成人した奴隷を腹心の部下や事業のパートナー

▼カリフ　前近代におけるイスラーム共同体の指導者にして預言者ムハンマドの後継者。初期のイスラーム国家を支配する君主でもあり、とくにアッバース朝（七四九〜一二五八）カリフは十三世紀まで長らくその権威を保った。最終的には一九二四年トルコ共和国下で正式に廃止された。

▼スルタン　セルジューク朝以降、シリアやエジプト、アナトリアなどを支配したイスラム国家の君主の称号。「権力者」の意味で本来はカリフを意味したが、十一世紀以降、カリフが実権を預けた軍事支配者の称号として用いられた。

として用いて、もっとも重要な仕事を彼らに託し、また子どもの養育係としてその成長をまかせた。インド人の奴隷は財産を守らせるのにもっとも適しているというのが、人々の常識であった。市井の一般人もまた、奴隷に日常の雑事を託し、奴隷女を購入して台所をまかせ、また床をともにし、ときに彼女を解放して正式の妻とした。そうやって生まれた子どもたちは、自由人女性から生まれた子どもらとさしたる区別もなく、ふつうに父に育てられ、財産を受け継ぎ、立派に後継者となっていった。とくに上流社会においては、奴隷出身の母をもつことはあまりに当たり前すぎて、なんの支障ともならなかった。カリフやスルタンたち自身が、奴隷から生まれた子どもだったのだから、それも当然のことだろう。

近代になって、ヨーロッパ世界がイスラーム国家に奴隷制廃止の要求を突きつけるようになると、オスマン朝政府の高官たちはいった。「われわれの奴隷制はあなた方の奴隷制とは違う。アメリカの黒人奴隷たちのような過酷な奴隷制などイスラーム社会には存在しないのだ」。

「イスラームの奴隷制は近代アメリカの奴隷制とは違う」という認識は、当のムスリム(イスラーム教徒)が自覚していたものでもあった。

しかし、イスラームの奴隷制をそのように描くことは、物事の一面のみを示したにすぎない。八世紀末のバグダードに名高い女流詩人▲は、主人が自宅にともなったある詩人との面会を婉曲に断わったとたん、問答無用に主人に殴打された。そのことを伝える史料は、彼女が殴られたことを当然のこととして語っている。主人には奴隷を殴る権利があった。主人には、奴隷を性的に搾取する権利もあった。女性の奴隷には当然のごとく性的役割がつきまとい、多くの奴隷たちが、望まぬ妊娠や主人との望まぬ性交渉に苦しんでいた。

逆境におかれた奴隷は、逃亡し、とらえられて罰せられ、またしばしば仕事をサボタージュする。主人は奴隷を怠け者とみなすが、これはアメリカの集団奴隷農場で見られた奴隷の姿となんら変わることがない。一方で、アメリカの農場においても、主人の側近として用いられた家内奴隷たちは、主人に愛され、諸事をまかされる重要な立場にいた。そういった家内奴隷が、農場の労働奴隷から「主人の回し者」「裏切り者」と差別されることも一般的であったという。イスラーム社会の奴隷たちとあまり変わらない奴隷の姿は、近代のアメリカに

▼バグダードに名高い女流詩人
イナーン・ビント・アブドゥッラー(?~八三五)。生まれた時からの奴隷であり、主人に教養を授けられて育った。ある菓子屋に購入されたが、のちにカリフ・ラシードに見初められ、菓子屋の死後に買い受けられた。

も探し出すことができる。

イスラーム社会において、奴隷制度があまり過酷でない側面をもったことは事実である。しかし、それが当の奴隷にとっては、ときに十分過酷であったこともまた事実であろう。そもそも奴隷制という制度は、地中海・西アジア文明揺籃の地として名高いメソポタミア・エジプトにおいて、きわめて初期から存在し、ペルシアの諸帝国・ギリシア・ローマ・イスラーム社会、そして近代ヨーロッパ文明へと広がり受け継がれたものであった。そこでは、人がときに奴隷であることは当たり前であり、彼らと自由人の間に区別、すなわち差別があるのは理の当然だったのである。それは、時代を問わず多くの社会において男女の区別が差別であったことと同じであり、また現代のわれわれの社会において、成人と未成年の区別が、判断力などを根拠とした差別となっているのと類似した社会制度であった。

それらの制度では、一方が他方を無能力者として、支配・搾取・抑圧し、同時にその衣食住を保障して保護・教導・矯正するのである。前近代の、地中海・西アジア（またインド・中央アジア・アフリカ）におけるイスラーム社会においては、その制度が豊かな経済的・文化的繁栄のなかで受け継がれ、重要な社会制度として展開し、政治・経済・文化・軍事から家庭生活にいたるあらゆる側面と融合していたのであった。

現代日本社会のわれわれにとって、奴隷制度は受け入れがたい制度である。しかし、奴隷制廃止という思想を生み出し、主導的に世界に拡大させたヨーロッパにおいてすら、その思想が生まれたのは近代以降のことであり、全面的にそれが受容されたのは十九世紀のことである。地中海・西アジア世界においては、奴隷制とは存在するのが当たり前の制度であったのであり、それはかの「万学の祖」アリストテレス▲によって確固とした思想的背景を与えられたものであった。

そしてイスラーム世界においても、元来は外的強制力によって始まったとはいえ、いったん奴隷制を批判する思想が広がると、急速に奴隷制自体をイスラーム法によって否定するまでにいたるのである。イスラーム法学の研究者ブロコップ▲は、その過程を、クルアーン（コーラン）解釈のもつ、現実に適応する柔軟性がよくあらわれた典型的な例であると評している。

▼アリストテレス（前三八四〜前三二二）　古代ギリシアの哲学者。論理学・自然学・形而上学・倫理学・政治学・詩学などの学問を体系化した。イスラーム哲学の形成にきわめて大きな影響力をもった。

▼ジョナサン・E・ブロコップ　ペンシルヴァニア州立大学准教授。宗教学・歴史学。イスラーム法・比較宗教学を専門とする。

本書では、奴隷制とともに歩み、奴隷制を不可欠な社会制度として組み込んでいた、過去のイスラーム社会を描いている。この社会では奴隷制は、単に人々を搾取し抑圧するためだけではなく、多様な人々を融合し、弱者の社会進出を支え、忠誠と信頼という情愛を育み、とくに、貧者を王に変身させるためにも用いられた。奴隷制という、現代のわれわれからみれば明らかな負の制度を最大限に活用し、そこから抑圧と支配、保護と融和の双方を生み出したのである。

私たちは奴隷制度を否定している。そのことをしっかりと確認したうえで、奴隷制とともに歩んだ社会とはどのような社会であったのか、そこではどのような価値観が存在し、どのような制度と倫理が働いていたのか。われわれ日本人が、例えば遊女の年季奉公、人買いのような歴史をもっており、それを不思議とも思ってこなかったことも念頭におきつつ、地中海・西アジアのイスラーム社会がどのような体験をへてきたのかを描いてみたい。

①—奴隷とイスラーム社会

「奴隷」とはなにか

誰が「奴隷」であり、誰が「奴隷」でないのか。そもそも「奴隷」とはどういった人々を指す言葉なのか。日本語の「奴隷《どれい》」と中国語の「奴隷《ヌーリー》」、英語の「slave」とアラビア語の「ʿabd」とはそれぞれ、どのような人々に適用される、どのような意味の言葉なのか。そもそも、これらの言葉の意味する内容には、一貫した共通点があるのだろうか。

こういった疑問は、近代以降の歴史学で長く問われ、また現在も問われ続けている。それは、ある意味で「奴隷制」問題のもっとも本質的な「問い」であるということができる。

日本の寒村から吉原▲に売られていった女性たちを、金銭を代償に身体的・性的自由を完全に奪われた「奴隷」とみなす立場も、その「年季奉公」という契約のあり方から一種の契約労働とみなす立場もある。また、プロ野球選手の球団間にみられる金銭トレードを、職業選択の自由を剥奪する奴隷売買にかぎり

▼**吉原**　江戸時代に幕府によって公認された遊郭。江戸の男性文化の中心の一つであったが、明確に買春のための場所であり、遊女の身体的・性的自由は店の強力な管理下におかれた。遊郭は一九五七(昭和三二)年の売春防止法成立まで存続した。

▼マルクス主義史観と発展段階論
二十世紀の歴史学を主導した歴史理論の一つ。人類史を原始共産制から資本主義をへて共産主義社会にいたる発展の歴史ととらえ、各社会がその発展段階を順次上昇するものと想定した。


なく近いものと指摘する人々もいる。

このような複雑な問題を取り扱う場合、人文科学ではまず第一に言葉の定義をおこなうのがふつうである。つまり「本書では、奴隷とは、これこれこういうものとする」と定義して、議論の厳密性を確保するのである。しかし、この本では、あえてそういった定義をおこなわない。ここでは、おもにイスラーム社会にあらわれる「ある種の人々」を、広い視野から取り扱う。それは、奴隷ではないが「奴隷に近しい人々」を開放系のなかで、「奴隷」とともに取り扱う立場である。

そもそも、ある種の人々が「奴隷」であるかないか厳密に定義する論争は、マルクス主義史観と発展段階論▲の影を長く引きずっている。奴隷制を発展段階のある種の指標ととらえる歴史観のなかでは、ある社会のある集団が「奴隷」と定義可能かどうかは、決定的な重要性をもっていた。しかし、その呪縛から解放された現在にあって、「奴隷」の存在は、社会の重要な担い手とみなされはしても、「歴史的段階の指標」とみなされる必要はない。そういった視点から自由になって「奴隷」と称しうる人々を眺めた場合、そこには、個々の社会や時代に応じて驚くほど多くのヴァリエーションと制度的展開をみてとることができる。

イスラーム社会では、奴隷はイスラーム法によって明確に定義された身分である。あるゆる人間は、法的には「奴隷」と「自由人」に分離され、両者が混同されることはない。それにも関わらず、このあとで述べるように、事実上売買されてしまう自由人や売買を禁止される奴隷がいる。法的には自由身分でありながら、社会慣行においても事実上の法的措置においても、ほかの自由人に隷属することが強制されている自由人もいる。

「奴隷」という存在が非常にはっきりとしているイスラーム社会においても、社会の実態においては、「奴隷」にきわめて近い自由人や「自由人」にきわめて近い奴隷が存在した。そして、奴隷軍人に代表されるように、自由人よりも大きな権力と財力をもつ「奴隷」たちが存在したのも、イスラーム社会の特徴である。

これもあとでふれるように、こと「奴隷」に関して、イスラーム社会は世界史的に特殊な慣行をもっていたわけではない。肉体労働奴隷が表面的に見えづらいことや、権力をほしいままにする奴隷が存在することから、ときに「イスラーム社会の奴隷は特殊例である」かのように論じられることがある。しかし、現在われわれが「奴隷」と聞いたときにすぐに思い浮かべる、アメリカの奴隷やブラジルの奴隷は、もともとはポルトガル・スペインといった旧イスラーム圏の奴隷所有慣行や奴隷売買を土台として成立している。イスラーム圏の奴隷制のルーツを古代地中海・メソポタミア社会に求めるとするならば、ローマからイスラーム社会そしてヨーロッパからアメリカ大陸という、地中海的奴隷制度の拡大と変容の見取り図を描くことができる。

とくに、七世紀から十五世紀にいたる時代においては、ローマ帝国の南方継承国家としてのイスラーム社会こそが、地中海的奴隷制度を継承した中心的な社会であった。この間、イスラーム支配下のスペインや、イスラーム文化の強い影響下にあった南欧と地中海の島々を除き、経済的停滞状況にあったヨーロッパでは奴隷制を施行するだけの社会的活力を失っていたのである。これに対して、十三世紀以降経済的・文化的活況を迎えたイタリア、とくにフィレンツェにはきわめて多数のチェルケス系・テュルク系奴隷▲の姿を見ることができた。

▼**チェルケス系・テュルク系奴隷**　コーカサス地方北部から地中海周辺の各地に輸出された奴隷。ヴェネツィアの奴隷商人の手で黒海を経由して、おもにマムルーク朝エジプトに運ばれ、同王朝を支える奴隷軍人の主力となったが、同時にイタリアにも多数が運ばれ、付き人や妾女などの家内奴隷として用いられた。

このように、ある意味でまさしく奴隷制社会の一典型ということのできる中世イスラーム社会においても、奴隷と自由人の区別は曖昧なものであった。「誰が奴隷であるか」を厳密に定義して語ることは、このような奴隷と自由人の曖昧さを切り捨てることにつながる。社会的な実態としての「人」は、理念によって定義された「奴隷」や「自由人」という枠組みにおさまらず、両者の性格を兼ね備えるケースがあまりに多いのである。「奴隷」という固定観念からいったん解放されるために、本書ではあえて、「奴隷とはなにか」を決めてかかることはしないでおきたい。

イスラーム法における奴隷

しかし、一方でイスラーム法において「奴隷」がはっきりと法的に定義された存在であったことには間違いがない。そこで、まず、前近代のイスラーム社会において「奴隷とはどのような存在であると了解されていたか」を確認しておきたい。

イスラーム法上においては、奴隷は完全に、主人が所有権を有するモノであり、売買の対象である。政府高官の財産が君主によって没収され、奴隷が処分されるときの典型的な記述が以下にある。

> この日、カリフ＝ムタワッキルは、〔罷免された宰相イブン・ザイヤートの〕邸宅にある家財・馬匹・奴隷男性、奴隷女性を没収する担当者を派遣した。

このように、奴隷は家財道具、馬などの家畜とまったく区別なく扱われている。事実、奴隷は、「しゃべる家畜」であった。イスラーム法において、財産は、声を発しないモノすなわち器物と、声を発するモノすなわち家畜に分類され、さらに、その声を発するモノのうち、言葉を発するモノが奴隷なのである。

当然のことながら、奴隷からは、人間としてなんらかの社会的行為をおこなう権利が剝奪されていた。つまり、奴隷は、財産を所有すること、なにかを決断すること、商契約の主体となること、自らの意志で結婚すること、遺産を継承すること、証人となることなどが否定されていた。奴隷は社会的主体として、所有したり、判断したり、証言したりすることができなかったのである。

また、奴隷は自らの所有者ではなかった。彼の身体を所有しているのは主人であり、奴隷には身体を自由に行使する権利が存在しなかった。奴隷の身体を自由に使用できるのは主人であり、だからこそ主人は、女性奴隷の身体を自由に性的に使用することができ、その身体を用いて子どもを産ませることが可能であった。主人にとって、奴隷女性を性的に搾取し妊娠させることは、当然の権利であり、女性の奴隷を所有する目的の主たるものであったのである。

同時にまた、奴隷は家畜と同じく再生産可能な所有物でもあった。主人の命令によってであれ、主人の許可を受けた場合であれ、奴隷同士が婚姻関係を結んだ場合、それによって生まれた子どもは基本的に奴隷の身分を継承し、主人の所有物とされた。マムルーク朝▲時代のアラビア語辞典を執筆したイブン・マンズール▲は、厩舎で生まれた自家生産馬と、自家で生まれた自家生産奴隷を、ともに「ティラード」と呼び、まったく同等のものとして論じている。

このような奴隷は、いわば法的・社会的には死者であった。奴隷制研究者のパターソン▲はその主著『奴隷制と社会的死』(邦訳書名『世界の奴隷制の歴史』)において、世界各地の奴隷制を比較史的に論じ、奴隷の普遍的属性として「社会的死」をあげているが、イスラーム法においては、まさしく奴隷は「死」の状

▼**マムルーク朝**(一二五〇～一五一七)　エジプト・シリアを支配した王朝。前期にはキプチャク系、後期にはチェルケス系の奴隷出身者が支配階層を形成した。イクター制による軍事支配体制を敷いたが、カイロを中心とした都市文化が栄えたことでも知られる。

▼**イブン・マンズール**(一二三二～一三一一／一二)　マムルーク朝の文書庁に終生勤務した。主著『リサーン・アル＝アラブ』はもっとも著名な中世アラビア語辞典である。

▼**オルランド・パターソン**(一九四〇～　)　ハーバード大学教授。社会学者。

態にあるとみなされていた。

一方で、奴隷はすべての人間性を失っていたわけではない。所有されるモノであり「社会的な死」の状態にあっても、彼らには人間として生存する権利が存在しており、主人は彼らの衣食住に責任をもち、人間としての最低限の生活を保障しなくてはならなかった。その意味で、主人が奴隷の身体を所有するとはいっても、それは生殺与奪の権利をもつレベルには達せず、また過度の懲罰も禁じられていた。人間としての尊厳を左右するほどの懲罰を与える主人は、その奴隷を所有する権利が剥奪されたのであり、具体的には裁判官が主人に対してその奴隷を売却するよう強制することができた。

その意味で、イスラーム法における奴隷には一応生命の安全は保障されていた。これは、ほかの社会の奴隷制と比べて、イスラーム社会の奴隷制がある程度成熟していたことの指標となるであろう。一般に、イスラーム社会の奴隷制は比較的穏やかな奴隷制であるといわれる所以の一つである。

もっともマムルーク朝の奴隷制の研究者マーモンによれば、このような法的規制はかならずしも実態をともなっていなかったともいう。実際には、主人が

▼社会的な死　パターソンは、世界各地の歴史的な奴隷制に共通する本質を、ほとんどすべての奴隷が名誉を奪われ疎外されて「社会的に死んだ人間」とみなされることである、と強調している。そして、イスラーム法における奴隷のあり方をその典型例と考えている。

▼ショーン・E・マーモン　プリンストン大学准教授。宗教学。主著として『イスラーム社会における宦官と聖なる境界』(一九九五年)。

奴隷に対して過重な懲罰をくだし、とくに死にいたらしめたとしても、それを法的な裁きの場で断罪するケースはさほど多くなく、社会的には、主人の自由裁量をかなりの範囲で容認する風潮があったというのである。事実、マムルーク朝のスルタン＝ガウリー▲は「主人と奴隷の関係の特権性からすると、主人が奴隷を殺したことの責任を問おうとは思わない。これは、父性の特権性からして、父親が息子を殺したことの責任を問うつもりがないのと同じである」と述べたという。

しかし逆にいえばこの言葉は、家長が奴隷のみならず、自らの息子の生殺与奪の権を握っており、それが自明視されていたということを示唆している。当時の中東イスラーム社会では、家長は、妻や娘、息子といった家族に対して絶対的権力を握っていたのであり、家長を中心とした家族関係と、その家長を主人とする奴隷との関係には、強い類似性があることがうかがわれる。これが奴隷制を理解する大きな手がかりとなるのだが、これについてはのちに論じたい。

モノであり人間でもある奴隷は、「無能力者」として法的人格が軽く扱われた。すなわち、奴隷は「半人前」なのであり、奴隷男性が結婚できる女性は、

▼カーンスーフ・ガウリー（在位一五〇一〜一六）　チェルケス・マムルーク朝第二十六代スルタン。マムルーク朝最末期にあって、オスマン朝などと対抗しつつ国家体制の維持に尽力した。

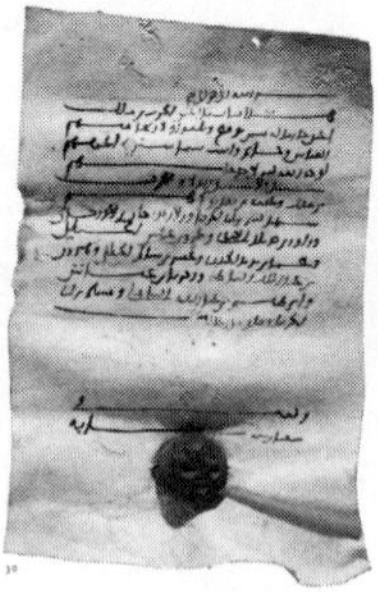

▼**奴隷身分の妻**　主人は自分の所有する奴隷と結婚することはできなかったが、他人の所有する奴隷と結婚することは、法的に可能であった。自分の所有する奴隷と正式に結婚する場合には、必ずその奴隷を事前に解放しなければならなかった。左はある奴隷女性とその子どもたちの解放を宣言する文書(西暦七七七年)。

自由人男性の半数の二人までであったし、奴隷男性が殺害されたさいの賠償額は自由人男性の半額に査定された。また男性が奴隷身分の妻▲と自由身分の妻をもっている場合、奴隷身分の妻が夫と夜を過ごせる日数は自由身分の妻の半分とされた。このような人格の社会的な軽視は、成人女性や子どもの人格が、成人男性のそれに比して軽視されたこととつうじている。のちに紹介するように、奴隷男性は、しばしば自由身分の子どもや自由人女性と並列で扱われる。人間としては子どもと同格に、所有物としては家畜と同列に扱われるのが、奴隷なのである。

このような「半人前」としての性格は、奴隷に逆の影響をもたらす。彼らは法的に無能力ゆえに、法的責任もまた「半人前」とみなされるのであり、さまざまな刑罰において、その処罰は自由人の半分と規定されている。これが奴隷に対する厚遇を意味するのではないことは明白であろう。現代日本の社会において、未成年者などが法的無責任性ゆえに処罰を軽減されるのと同じく、奴隷は処罰に値する人格を形成していないとされるのである。

奴隷の解放

ここまでみたように、中世イスラーム社会において、自由人と奴隷の間には、法的にも社会的にも明確な線引きがなされていた。この線引きをこえる行為が、奴隷解放である。クルアーン第九〇章第一二～一六節に「けわしい山路が何であるかを、何が汝に教えるか。それは、奴隷を放してやることであり、飢えに苦しむ日、食事を与えてやることである。近親の孤児、貧しく哀れな者たちにだ」とあるように、イスラーム社会では奴隷の解放は、貧者へのほどこしと並んで重要な善行であり、罪を償う手段でもあった。クルアーンでは、誤って人を殺めたり、神への誓いをはたせなかったりしたさいには償いとして奴隷を一人解放することが命じられている(第四章第九二節、第五章第八九節)。

また善行を積むために、自らの死にさいして所有する奴隷を解放することは非常に一般的であった。さらに「ザカート」と呼ばれる喜捨も、政府によって奴隷解放のための費用に充当された。このような結果として、イスラーム社会の奴隷は解放される割合が非常に高かったことが知られており、奴隷と自由人の距離は比較的近かったといってよい。奴隷は容易に解放されえたのであり、逆にいえば、自由人のなかには多くの元奴隷すなわち解放奴隷が存在し、父母や祖父母が奴隷であった人々は枚挙にいとまがなかった。この、奴隷と自由人の距離の近さが、イスラーム社会の奴隷制を理解する一つのポイントとなる。奴隷は自由人の源泉であったし、自由人もその多くは奴隷出身か、元奴隷の血をなんらかのかたちで引いていたのである。そのような社会のなかでは、奴隷は自らとかけ離れた存在ではなく、将来は同輩となるべき「未成熟者」であったといえるだろう。

このように奴隷は、解放という手段によって自由人と奴隷の、狭いが厳然とした線引きをこえることができた。そして、彼らのような新規の自由人の存在そのものが、社会的には自由人と奴隷の線引きにある種のゆらぎをもたらしていたのもまた事実であった。

解放奴隷は、法的には自由身分である。しかし、彼らにはもとの主人に奉仕する義務があり、このこともまた法的に規定されていた。すなわち、解放によって法的な人格は完全な状態に復帰するが、社会的な状態としては、いまだ彼らは主人の意志に縛られていたといってよい。その意味で彼らの隷属性は払拭されてはいないのである。自由身分でありながら、現実には奴隷性を継続して保持しているのが解放奴隷であった。最初に述べたように、奴隷身分と自由身分が実際には「連続」しているという事実を端的に体現しているのが、この解放奴隷の曖昧な身分である。奴隷と解放奴隷と自由人は、大きな枠組みのなかで一連のものとして把握される必要がある。

主人と解放奴隷の間には「ワラー」と呼ばれる絆が存在した。この絆は、解放奴隷が主人に奉仕をおこない、主人は解放奴隷に身体的・社会的・経済的保護を与えるという、パトロンとクライアント関係の絆である。このワラーをもつ両当事者は、通常双方ともに「ワラーをもつ者」すなわちアラビア語で「マウラー」(複数形は「マワーリー」)と呼ばれた。本書では、混乱を避けるために従属するほうのみを複数形の「マワーリー」と呼ぶこととする。解放奴隷の奉仕を受ける主人には、解放奴隷を保護する義務があり、これは奴隷に対する保護扶養義務と同じく重要な社会的責任であると考えられた。現実においても、解放された奴隷がただちに生計を立てる手段をえることは困難であったと考えられるので、これは解放奴隷の立場を救う現実的な要請であったということができる。

イスラーム世界の奴隷の職務は、主人の補佐というかたちをとる場合も多く、その場合は奉仕義務とはいっても両者の関係は雇用者と被雇用者や職業上のパートナーに近いものがあった。のちに第三章でみる政府関係者のあり方はまさしくこの事例である。さらに、主人の保護扶養下におかれるという点において、その関係は家長と息子や妻女の関係に近く、往々にして擬似血縁関係と受けとられた。この点は奴隷と共通する性格であるが、擬似血縁関係をもつ自由人であることから、解放奴隷には、主人の財産を相続する権利が認められた。ワラーのつながりの強さを端的に示す事実である。

一方、主人の子どもなどの遺産相続人は、父親の死とともに解放奴隷のワラーそれ自体を相続することができた。つまり解放奴隷に奉仕される権利を継承したわけであり、解放奴隷の側からみれば、自由身分であるにもかかわらず、彼らはその隷属性を第三者に継承されたのである。極端な場合では、ワラーが売買された事例も、年代記の記述から確認することができる。このようなケースでは、解放奴隷は法的には自由でありながら、社会的には奴隷としての隷属性が継続していたとみなさざるをえない。なお解放奴隷、すなわちマワーリーという概念は、とくに初期イスラーム世界の歴史においてきわめて重要な役割をはたしたが、その詳細は第三章に譲る。

「ウンム・ワラド」と「ムカータブ」

解放奴隷は、まさしく自由人と奴隷を連続的につなぐ存在であったが、こういった媒介的な存在は、解放奴隷のみではなかった。奴隷そのもののなかにも、売買を停止されることによって、隷属性をある程度緩和された人々が存在していた。

その代表例が「ウンム・ワラド」(認知子の母)である。もともとイスラーム以前のアラブ世界では、子どもは母親の身分を継承していた。自由身分の母親の子どもは自由身分であり、奴隷の母親の子どもは奴隷だったのである。この制度はイスラーム社会においても基本的に継承されたが、自由身分の父親が奴隷女性との間に生まれた子どもを認知した場合、子どもは自由身分を獲得し、その母親は売却や譲渡不可能とされるようになった。このような母親を「ウンム・ワラド」と呼ぶが、彼女の財物としての性格は、子どもを産むことによって事実上停止したのであり、奴隷としての隷属性が大きく軽減しているといえよう。とくに、奴隷女性が継続的に一人の主人のもとにとどまっているかぎり、彼女がほかの男性と性交渉をもつ可能性はきわめて低く、このため事実上ほとんどの場合、奴隷女性が出産した子どもは主人の子どもとして認知されたようである。その意味で、奴隷女性は妊娠・出産という事実によって奴隷性を相当程度喪失するとみることができる。さらに、父親である主人が死去すると同時に、母親は自動的に奴隷身分から解放されることとなっていた。

同様に、「キターバ」すなわち有償解放契約と呼ばれる制度も注目に値する。これは、奴隷が主人と契約をかわして、有償で自らを身請けするものである。この契約がかわされると、奴隷は、主人に対する奉仕の時間以外の余暇などを利用して、自らのために財産を形成することが認められ、定められた期間内に主人との間に取り決められた額を支払えば、自由身分を獲得することが可能となる。ここで重要なのは、この契約が結ばれると同時に、ウンム・ワラドの場合と同様に主人はこの奴隷を売却することが許されなくなり、一方奴隷は、あ

キターバ契約を交わした文書（西暦七六三年）

くまで制限はあるものの、蓄財と自由意志による労働の権利を認められることである。このようにキターバ契約をかわした奴隷は「ムカータブ」と呼ばれ奴隷と解放奴隷の中間の身分を獲得するといってよい。

さらに、このようなウンム・ワラドやムカータブとならなくても、奴隷がある程度の法的能力を行使することは、じつはめずらしいことではなかった。一般的に、法的な意味では、奴隷は「無能力者」である。いくつかの例外はあるものの、奴隷には自由人が行使することのできる法的能力が存在しなかったといってよい。しかし、あとでもみるように、主人が奴隷に期待する奉仕のうちには、法的能力と関わるものが多数存在した。主人の代理として商取引をおこなうことなどは、その代表的なものであろう。このような場合、奴隷が法的能力を欠いていることは、奴隷だけでなく主人にとっても障害となった。このため主人は「認可」(イズン)を与えることにより、奴隷に自らの代理として法的行為をおこなわせることができた。すなわち「認可」を与えられることによって被認可者(マーズーン)となった奴隷は、一部とはいえ自らの社会人としての権利を回復されることになる。あくまで「主人の認可のもと」という限定付きではあれ、奴隷はかぎりなく自由人に近い立場で社会的行為に、自らの主体性をもって関わることができた。

主人の代理や家計の責任者として社会との関わりをもつことの比較的多かったイスラーム社会の奴隷にとって、この「認可」を受けることは、奴隷の本来的な機能の一部でもあった。そして、そのこと自体が彼らの「奴隷性」「隷属性」を弱め、かぎりなく自由人に近づけることをも意味していたのである。

自由人と奴隷から成り立つ社会

まったく法的能力をもたない「完全なモノ」としての奴隷を一つの極として、完全に自由なあらゆる社会的制約をもたない、フィクションとしての「自由人」をもう一方の極とした場合、イスラーム社会における現実の人々は、その両極端をつなぐどこかの位置に、ゆるやかに連関しながら存在していたといってよい。主人の強い束縛を受けた奴隷に比して、主人の「認可」を受けてその腹心として働いた奴隷は、より大きな法的能力を行使していた。さらにウンム・ワラドやムカータブは、奴隷身分ではあったが、将来における解放を予定され、限定的とはいえ奴隷と自由人の中間的な位置を獲得していた。

一方、彼らが自由人として解放された場合でも、解放奴隷である彼らはマワーリーとして、強いワラーの束縛のもとに主人への奉仕義務を負い続けており、ときにその実際的な姿は奴隷となんら変わりがないほどであった。さらに自由身分の人々の間には非常に多くの「奴隷の子孫」がおり、奴隷女性の子どもが存在した。そして、家のなかにおいては、購入されて正式な婚姻の外で子をもうける奴隷女性とはまた別に、正式な結婚によって家の一員となった自由人女性たちもまた、非常に強力な家長の強制力のうちにあって行動と意志を規制されていた。こうした家に生まれた娘たちはもちろん息子たちもまた、自由身分であっても、家長の意志によって婚姻を強制されることが正式に認められており、また子どもたちに生殺与奪の域にまで懲罰を加えることもまた、家長の権限であった。このようにみると、中世イスラーム社会の自由人と奴隷が、かぎりなく連続した存在であったことがはっきりとわかるであろう。

奴隷と自由人は、法的には明確な区別をもっていたが、一つの極からもう一つの極へと連続していく身分的な「あり方」であった。そして、それゆえにこそ、中世イスラーム社会は、奴隷に依存し、奴隷を活用し、そして奴隷のエネルギーを内側に取りこむことによって社会を構築していったのである。そこは、自由人と同じく、もしくは自由人以上に、奴隷が豊かにその能力を開花させる可能性を秘めた社会であった。そして、その同じ社会がまた、数多くの奴隷に悲劇的な人生を与え、彼らのエネルギーを搾取してきたのも事実であろう。奴隷と自由人をつなぐ媒介的な立場の人々を含めて、中世イスラーム世界では、自由人と奴隷から成り立つ社会を形成していたのである。

下層階級の女性（十九世紀、エジプト）

奴隷女性

奴隷所有の、大きな目的の一つが女性をコントロールすることであったことは否定できない。もう一つの目的は、有能な「息子」すなわち補佐役となる男性を所有することであり、次の目的が、家事・雑労働を含む卑賤《ひせん》な仕事をおこなわせること、最後に、収益をえるための生産労働をおこなわせることであった。

しかし、女性の性を用いて収益をえること、すなわち売春の強制は禁止されていた。この規定は非常に大きな意味をもっている。このため、奴隷女性の性的な役割・期待はあくまで主人との個人的なものに限定され、その意味で奴隷女性は、主人の「妾」であった。同時に、その延長線上として、奴隷女性は性生活だけでなく、社会生活においても主人の個人的なパートナーでありえたのである。そこにはあくまで「婚外」というかたちではあるが、通常の家庭生活が成立しえた。

　イスラーム法によれば、主人は他人の奴隷とは結婚できるが、自分の奴隷とは結婚ができない。これは、人間との結婚契約と人間の所有が同時に成立しないことを意味する。

　このため、主人は奴隷女性と結婚するためには、その女性を解放する必要があった。有名なカリフであるハールーン・ラシード▲の母がこのケースである。イエメン出身の奴隷女性であったラシードの母は、カリフ＝マフディー▲の奴隷としてラシードを出産したのち、正式に解放されて、マフディーと婚姻関係を結んだ。この場合、ラシードの母はマフディーの嫡子であるラシードを出産した時点で、マフディーが死去すれば自動的に解放されるはずであったが、マフ

近代エジプトの踊り娘（十九世紀）

▼ハールーン・ラシード（七六六〜八〇九）　アッバース朝第五代カリフ（在位七八六〜八〇九）。同王朝最盛期のカリフとして著名であるが、その治世の前半は母ハイズラーンと、その盟友バルマク家に実権を握られていた。

▼マフディー（七四三／四五〜七八五）アッバース朝第三代カリフ（在位七七五〜七八五）。父である第二代カリフ＝マンスールのあとを継いで、アッバース朝支配体制の確立に貢献し、のちの時代の繁栄を導いた。

ディーは自らの存命中に彼女と結婚することを選択したのであった。このような事例は数多く伝わっており、預言者ムハンマドの曾孫アリー・ザイヌルアービディーンも、自らの所有する奴隷女性を解放して婚姻を取り結んだという。

奴隷女性は性的にはきわめて弱い立場におかれていた。これは、一般のムスリム女性が、家族の強固な保護・支配のもとに性を管理され、その純潔性がまさしく死守されたのとは正反対の状況であった。奴隷女性の性は、基本的に主人によって搾取されるべきものと意識された。しかし、同時に、まさにその性的搾取によって、奴隷女性が主人との関係において確固たる地位を築き、「家族」の一員として社会的な位置を確保することが可能であったことも、事実であった。とくに、その主人が裕福者、権力者であった場合には、奴隷女性もまたその「イエ」の一員として主人と同等の裕福さや権力を享受したのである。

先述のラシードの母がまさしくその例であり、彼女は夫マフディーの死後、自らが死去するまでの短期間ではあるが、事実上世界帝国アッバース朝(七四九〜一二五八年)を牛耳ることができた。また、ムクタディルの母サイイダやオスマン帝国のキョセム・スルタンなど、同様の例は枚挙にいとまがない。一方

▼アリー・ザイヌルアービディーン(六五八〜七一三頃)　預言者ムハンマドの孫フサインの息子。シーア派の十二イマーム派では第四代イマームに数えられている。その敬虔さと学識で名高く「敬虔信徒の飾り」(ザイヌルアービディーン)の美称で知られる。

▼一般のムスリム女性の保護　家族による自由人女性の純血性の保護とは、女性の性が主人・男性・家長に管理されたという事実と表裏の関係にあった。中世イスラーム世界においては、自らの性を自らの意志で決定する自由が女性に与えられることは、きわめてまれであった。

▼ムクタディル(八九五〜九三二)　アッバース朝第十八代カリフ(在位九〇八〜九三二)。アッバース朝中興の祖ムウタディドの息子であるが、幼少にして即位したため実権を母サイイダに掌握された。自らも放漫な宮廷生活を送ったため王朝財政が急速に悪化し、アッバース朝没落の最終的な原因となった。

で、十字軍時代に捕虜となったある西欧出身の女性は、その美貌から贈答品としてあるムスリム城主に贈られ、その城主の嫡子を産んだ。そして城主の死後、息子の後見としてその城下を支配し権力をふるったにもかかわらず、あるとき、城から出奔して同じ西欧出身のキリスト教徒の靴屋のもとに走ったという。女性が奴隷としての出自から手に入れた権力と、生来のキリスト教徒としての信仰や尊厳を天秤にかけたともとれる事例である。

第二章以下では、そういった奴隷と自由人の社会関係を、イスラーム社会の発展に即したかたちで眺めていこう。

▼サイイダ（?～九三三）　アッバース朝第十六代カリフ、ムウタディドのギリシア系奴隷。奴隷名はシャガブ。「女主人」（サイイダ）の美称で知られる。息子ムクタディルの後見として、アッバース朝の国政に関与し、莫大な私財を蓄えた。

▼キョセム・スルタン（一五八九頃?～一六五一）　オスマン朝スルタン、アフメト一世（第十六代、在位一六〇三～一七）のギリシア系奴隷にして、ムラト四世（第二十代、在位一六二三～四〇）とイブラヒム一世（第二十一代、在位一六四〇～四八）の母。この二人と、孫のメフメト四世（第二十二代、在位一六四八～八七）の治世にかけて、ハレムから大きな権力をふるった。

②—アラブの拡大と異民族奴隷

イスラーム時代以前の奴隷

イスラーム成立以前のアラビア半島にも奴隷制度は存在していた。史料があまり多くないため、その詳しいことはよくわからないが、おもにエチオピアからの奴隷や、隊商によって北方各地から購入されてきた奴隷、またアラブ遊牧民の略奪によって生まれたアラブ人奴隷や、それらの奴隷から生まれた子どもたちであったとみられる。これらの奴隷は、のちのイスラーム社会の奴隷と同じく家事労働や性交渉の相手などに従事したほか、羊の放牧など家畜の世話や、ナツメヤシ栽培などにもたずさわっていた。

この当時のアラブ人奴隷の一例としては、カルブ族▲出身で、預言者ムハンマドの奴隷であるザイド・ブン・ハーリサ▲がいる。彼は、のちに解放されて一時ムハンマドの養子となったが、養子制度を禁ずる啓示がくだったため、その関係を解消された。しかし当時から、奴隷は家族と近い存在として扱われることがあったことがわかる。

▼**カルブ族**　南アラブを代表するアラブの一部族。

▼**ザイド・ブン・ハーリサ**（?〜六二九）　もとは、ムハンマドが妻ハディージャに買い与えた奴隷であり、一説には、男性としてアリーについで二番目に改宗したともされる。ムウタの戦いで戦死。

ムハンマドの祖父シャイバは、「ムッタリブの奴隷」を意味するアブドゥルムッタリブ▲の通称で知られている。ムッタリブとは彼の伯父であって、ある日、遠方の地で育てられていたシャイバをマッカ（メッカ）に連れ戻した。そのさい、ムッタリブがシャイバをラクダのうしろに乗せて帰ってきたところ、マッカの人々はムッタリブが奴隷を購入してきたのだと勘違いしたという。見知らぬ親族とアラブ人奴隷は見た目では区別がつかなかったのである。ある伝承によれば、シャイバは見目麗しかったために奴隷と間違えられたともいう。人々は好んで美麗な少年を奴隷として購入した。

　異民族出身の奴隷として名高いのは、サルマーン▲とビラール▲であろう。両者ともにイスラーム成立以前に奴隷となって、ムハンマドのもとでその名をあげた人物である。サルマーンはイラン南部の有力者家系に生まれたものの、ゾロアスター教▲に満足せずに放浪の旅に出るなかで、かどわかされてヤスリブ（のちのマディーナ〈メディナ〉）に奴隷として売られてきたという。その地でムハンマドと出会ったサルマーンは、イスラームに改宗し、解放されてムハンマドの側近となった。そしてペルシア由来の高度な軍事知識などによってムハンマ

▼アブドゥルムッタリブ（?〜五八八頃）　本名はシャイバ。ハーシム家の長として、クライシュ族のなかでも発言力をもっていた。孤児となったムハンマドを引き取ったが、ムハンマドが八歳のときに死去した。

▼サルマーン（?〜六五五／六五六）　ムハンマドの教友。イラン出身の最初のムスリム。塹壕の戦いにおいて、ムハンマドに塹壕を利用する戦術を提言し、マディーナのムスリム軍に勝利をもたらした。のちにはイラン人ムスリムを象徴する存在となった。

▼ビラール（?〜六三八など諸説あり）　ムハンマドの教友。最初の黒人ムスリムとして、のちにはアフリカ系ムスリムを象徴する存在となった。

▼ゾロアスター教　前一〇〇〇年頃にイランのゾロアスターが創唱した宗教。この世を善なる霊と悪なる霊の闘争する世界とみなす善悪二元論をとり、のちのユダヤ教・キリスト教やイスラームに大きな影響を与えた。とくにササン朝ペルシア帝国では国家宗教として広く信仰を集めた。

▼**ジュマフ家**　マッカのクライシュ族の一氏族。カアブ・ブン・ルアイイの息子フサイスの子孫。

▼**アブー・バクル**（五七三頃〜六三四）ムハンマドの教友にして初代正統カリフ（在位六三二〜六三四）。ムハンマドのもっとも近しい愛弟子であり、マディーナへのヒジュラのさいにもムハンマドに同行した。ムハンマド死後は、カリフとしてイスラーム国家の確立に専心した。

ドを補佐したのである。遠隔地出身の異民族奴隷が、出身地で身につけた先進知識や独特な技術によって身を立てていくさまは、イスラーム時代の典型的な奴隷のあり方を想起させる。

一方、ビラール・ブン・ラバーフは、マッカで生まれたエチオピア系黒人奴隷である。イスラーム時代以前においても、奴隷の母親から生まれた子どもは、基本的に奴隷であった。このような奴隷の二次的な出生は、戦争捕虜、売買と並んで奴隷を獲得する重要な手段であり、ビラールもその一人であったとみられる。奴隷であるにもかかわらずラバーフという父の名が残っているのは、そのためであり、ラバーフもまたおそらく奴隷であった。ビラールは、マッカのジュマフ家▲に所有されていたが、イスラームに改宗したため、多神教徒である主人に棄教を迫られ、毎日拷問を受けていた。ムハンマドの高弟にして、のちに初代カリフとなったアブー・バクル▲は、ビラールの拷問を知ると、その主人と交渉して彼を買い取り、解放したと伝えられている。アブー・バクルは、ビラールのほかにも、イスラームに改宗した一人の奴隷男性と五人の奴隷女性を、多神教徒から買い取り、解放している。ビラールは美声を誇っていたため、や

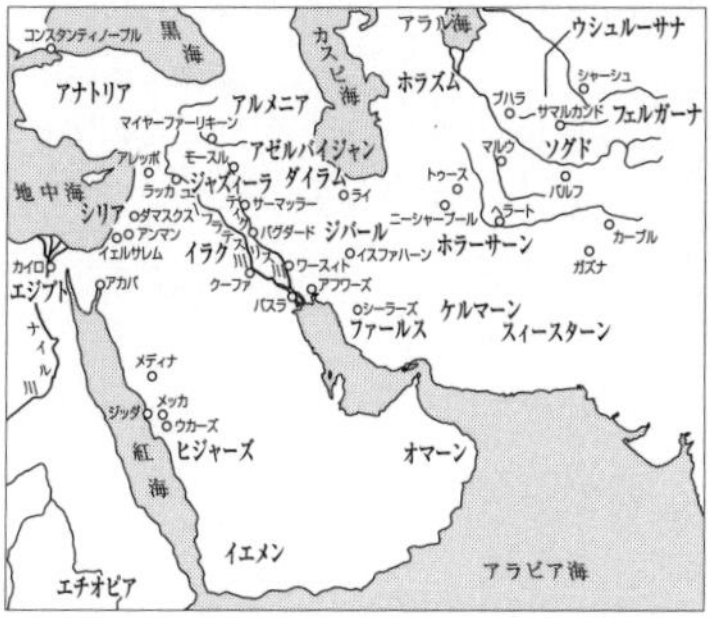

西アジア・中央アジア

がてムハンマドによって、最初の公的なムアッズィン、すなわち礼拝の呼びかけ人に任命された。イスラーム史上きわめて有名な人物である。

このように、ムハンマド時代のアラビア半島には、確実に奴隷が存在しており、その姿はクルアーンや初期史料などにはっきりと確認することができる。だからこそ、イスラームの伝統は、社会に奴隷が存在することを前提として編まれているのであり、奴隷制を否定することこそなかったが、その過酷さを当時の社会の文脈のなかで、可能なかぎりやわらげようとしていたのである。このあたりの事情は、初期のキリスト教のあり方となんら変わることはない。前近代の西アジア・地中海世界においては、奴隷制は自然消滅することはあっても、それを廃止する必要があるという思想は発生することがなかった。それは男女の性別と変わることのない、人間の属性として受け入れられていたのである。

しかし、このようなアラビア半島の奴隷の数自体は、けっして大規模なものではなかったとみられる。少なくともマッカやマディーナを中心舞台とする史料からは、奴隷の姿は確認できても、その数はけっして多くはなかったことがわかる。奴隷はあくまで一部の富裕者の特権的所有物であったであろう。アブー・バクルが七人もの奴隷を、多神教徒から買い取ることができたのは、彼が富裕な商人だったからである。

大征服後のイスラーム社会の変化

この状況を一変させたのが、イスラームの大征服であった。遊牧民を中心とするムスリムの軍隊は、ひとたびアラビア半島を出ると、またたく間にイラク・イラン・シリア・エジプトといった、西アジアの主要部分を支配下におさめた。この征服を信仰の情熱による征服と理解するか、史上にいくつか例をみる組織化された遊牧民の拡大運動とみるかは、議論されるところである。しかし、いずれにせよ、マディーナ政府の支配する領域には、アラブ・ムスリムの支配下に屈した無数の異民族・異教徒が存在し、さらには征服の戦利品としての、膨大な数の戦争捕虜すなわち奴隷が生まれたのである。

これが、イスラーム社会における二つの特徴を決定づける要因となった。一つは、社会のなかにきわめて多数の奴隷が遍在するようになったという事実であり、もう一つは、奴隷、異教徒である異民族、そして異民族出身の改宗者の三者の区別に、曖昧な連続性が生まれたという事実である。大征服から二〇〇年近くの間、アラブにとって周囲のほとんどの人間は、自らの支配に服する異民族・異教徒であり、そのなかには奴隷身分の者も、自由身分の者も存在したが、いずれにせよ、自分たちに服属し、もしくは自分たちの保護の恩恵に浴する弱者であることには間違いがなかった。のちに異教徒・異民族のうち、アラブとの人間関係をもとに改宗する者たちがあらわれた。彼らは「マワーリー」と呼ばれるが、この語は、同時に解放奴隷をも意味する。法的違いはあったとしても、アラブの社会的には、解放奴隷と改宗者は区別のつかない従属的存在となった。

大量の戦争捕虜の発生は、戦利品としての奴隷がマディーナ・マッカ社会に大量に流入する結果を生んだ。第一章で述べたように、当時、奴隷所有の最大の目的は、信頼できる有能な補佐を手に入れることと、女性を性的に支配することであった。九世紀以降は、軍事目的での奴隷の獲得、さらに近代においては、農業生産目的での獲得が大きな比重を占めるようになるが、古代から近代にいたるまで、性的目的での奴隷女性の獲得の社会的な重要性は変化することがなかった。

大量の奴隷流入の結果として、多数の奴隷女性がアラブ男性の所有となり、両者の関係の結果として、数多くの混血者が生まれた。このことが、「血統」的人間関係に縛られたアラブ中心のイスラーム社会から、多民族・多文化的で社会的流動性の高いイスラーム社会への変貌をもたらす、一つの大きな要因となった。

「血統」重視のアラブ社会と奴隷

当時のアラブがきわめて重視した社会的価値の一つに「血統」概念が存在する。

イスラーム成立以前のアラブ社会は、強固な男性中心社会であった。そこでは、少なくとも公的な社会生活においては、「強い壮年男性」が、イエの中心として、「弱い」若年男性・女性・子ども、そして奴隷などの副次的な家族構成員を「保護」し、また「保護」の代償として「支配」する、という強い社会規範が存在した。このため、彼らは「武勇」「気前よさ」「誓いの固さ」などを「男らしさ」の美徳として重んじ、男性同士の血縁や信頼関係を軸として社会的判断をくだしてきた。家族に対する支配は、逆にいえばその男性の権威、「男らしさ」のあらわれであり、家族に対する支配を失うことは、その面目を失墜することでもあった。

奴隷に対する支配は、その奴隷が男性であれ、女性であれ、このような主人の「男らしさ」としての権威と保護・支配の文脈をのぞいては、理解することができない。さらにいえば、現代のアラブ男性が自分の娘たちの貞操にきわめて大きな関心をもつのも、この「男らしさ」の問題と通底している。娘が婚外で貞操を失うことは、家長が家族に対する支配力を失うこと、すなわち家長の弱さを露呈することであり、社会的面目を失うことにつながるのである。

この男性性の重視と表裏をなしているのが、血統意識である。のちの九世紀に体系化された系譜学▲によれば、アラブは北アラブと南アラブに分けられ、北アラブはアドナーンという先祖からラビーア、ムダル、カイス・アイラーンなどに分岐し、南アラブはカフターンからヒムヤル、マズヒジュ、タイイ、アズ

▼**系譜学**　アラブ諸部族の系譜を収集し体系化する学問。「ナッサーブ」と呼ばれる系譜学者を中心に成立し、ヒシャーム・ブン・カルビー(七三七頃〜八一九)とその著作『大系譜書』がその代表とされる。

ドなどの諸部族に分岐していったとされる。そしてこれらの血統は、究極的にはアダムから流れ出たものとされている。

高野太輔《こうのたいすけ》らの研究が明らかにしたように、これらの系譜・血統は、現実のものであるというよりも、のちの人々がそれぞれの時代の現実や政治状況、社会経済状況に合わせてつくりあげた、ある種のフィクションであった。また部族という観念もかならずしも固定的なものとはいえなかった。しかし、たとえ虚構を含むものであったとしても、当時のアラブの人々にとって、その血統・系譜意識は、自分たちの日々の生活を説明し、動かしていく、リアルな社会原理・社会秩序ではあった。

例えば、ムハンマドの生まれ育ったマッカ社会においては、クライシュ族▲という系譜集団がもっとも強固な政治的・経済的影響力をもち、その下位集団であるハーシム家、ナウファル家、アブド・シャムス家などの集団も、ある種のまとまりとして意識されていた。人々、とくに男性は、自分たちがアラブの「高貴な」「誇り高い」血統に連なっていることをきわめて重要な価値と認識し、ほかの血統と、その優劣を競ったのである。彼らは、A・ブン・B・ブン・

▼**クライシュ族**　ムハンマドの出身部族。系譜的には北アラブに属し、ムハンマドの時代にはマッカの支配的な部族集団となっていた。シリアとの間で隊商交易をおこなっていたことでも知られる。イスラーム成立以降は、ムハンマドの出身部族として崇敬され、理論上、カリフ就任にはクライシュ族出身であることが必要条件とされた。

C・ブン・D・ブン・Eといった名前をもつが、これはAがBの息子であり、BがCの息子、CがDの息子、DがEの息子であることを示している。預言者ムハンマドは、ムハンマド・ブン・アブドゥッラー・ブン・アブドゥルムッタリブ・ブン・ハーシム・ブン・アブドゥマナーフ・ブン……と、アダムにまで続く系譜をもつとされたのである。

これに対して、奴隷は血統の劣った存在、もしくは血統のない存在であった。ビラール・ブン・ラバーフのように、奴隷の父から生まれた奴隷などの一部の例外をのぞき、奴隷は出自不明、というより出自を抹消された存在であった。とくに大征服以降、彼らは征服による戦利品として、または奴隷交易や略奪によって、イラク・イラン・シリア・エジプトといった遠隔の地から、ホスト社会であるアラビア半島に連れてこられた。奴隷は、まったく異質な社会と言語世界から到来した異人であり、マッカやマディーナのアラブとは系譜を共有しない人々であって、過去から切り離されたいわば新生児として購入された。このため奴隷には、主人によって新しい名前が与えられることが多かった。奴隷男性にはヤークート(ルビー)、ジャウハル(宝石)、バドル(満月)、サウサン(百

ムハンマドの系譜

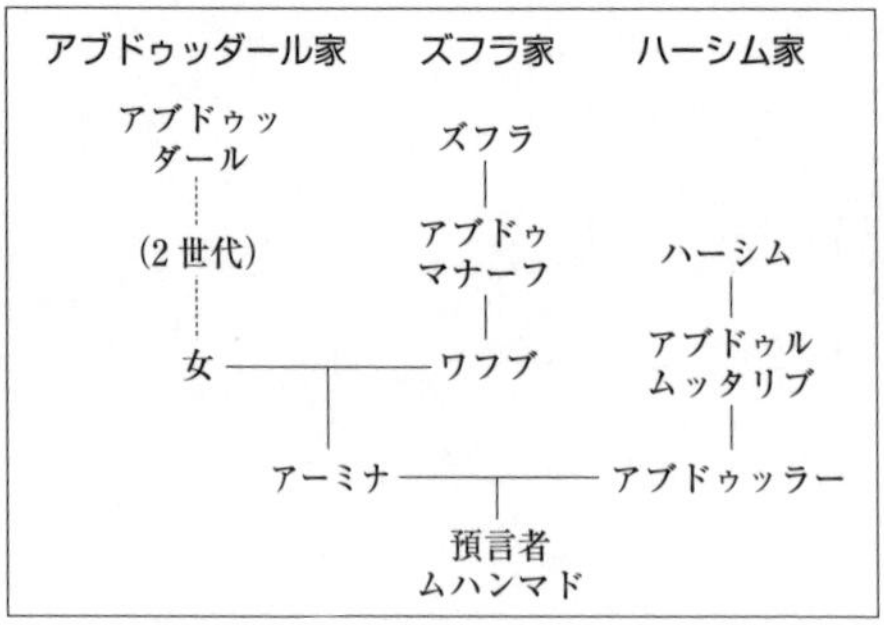

合)といった、宝石、天体、花などに由来する華やかな奴隷名がつけられた。そして、サウサン・ハージブ(侍従のサウサン)、バドル・ムウタディディー(カリフ＝ムウタディドの所有奴隷バドル)のように、祖父や父の名を省いて、本人の名前のみを職名や所有者名と組み合わせて呼称するのが、一般的な奴隷の名前である。奴隷は血統をもたない孤独な新生児として社会に投げ出されるのである。このことは、奴隷男性であれ、奴隷女性であれ、変わりはなかった。

アラブの血統は、基本的に男性の血統であったが、その「高貴な」アラブ男性の血統を受け継ぐことは、アラブ女性にとっても美徳であった。これは、立派なアラブの血統をもつ夫婦から生まれた子どもは、二つの「高貴な」血統を受け継ぐことになるからである。例えば預言者ムハンマドの母は、アーミナ・ビント・ワフブ・ブン・アブドゥマナーフ・ブン・ズフラであってズフラ家の血統を有していたし、そのアーミナの母はアブドゥッダール家の血統を有していた。このムハンマドの例のように、純血のアラブであることは、イスラーム成立以前のアラブ社会にとって、社会的尊敬を受けるための必要不可欠な条件であったのである。

逆に、父がアラブの血統にあっても、母が異民族出身のとくに奴隷であった場合、その子どもの血統は卑しいものとみなされた。アラブの口承英雄譚『アンタラ伝』▲においては、主人公アンタラはアラブの父とエチオピア人奴隷女性の間に生まれたが、父が黒人奴隷女性から生まれたアンタラを認知しなかったため、アンタラは試練の道を歩む。やがて、部族戦争で武勇を示したアンタラは、父によって認知され部族の成員として受け入れられる。この物語は、黒人奴隷女性から生まれたアンタラは「アラブ部族の成員として認められない」という認識を前提として成立している。奴隷の人種性と差別の問題については第四章でふたたびふれるが、ここではアラブの純血性に注目しておきたい。

混血の広がり

大征服の結果、アラビア半島には多数の戦争捕虜が流入し、マッカ・マディーナは奴隷交易の中心地となった。また、多数のアラブ戦士が進出したシリア・イラク・イラン・エジプトなどにおいても、彼らの拠点とする軍営都市には、多くの戦争捕虜が奴隷として連れてこられたとみられる。このような都市

▼**『アンタラ伝』**　アンタラ・ブン・シャッダードを主人公とするアラブの民間伝承。中世には「アンタリー」と呼ばれる専門の物語師によってコーヒーハウスなどで口演され、民衆に大きな人気を誇った。アラブ騎士道の典型的ロマンスとも評価される。

における奴隷制は、基本的に労働奴隷よりも家内奴隷、とくに性交渉を前提とした奴隷女性の獲得に重点がおかれており、奴隷の値段も男性よりも女性のほうが高価であった。とくに、マッカ・マディーナの有力者や富裕階級では、急速に奴隷の大量獲得が進んだとみられ、必然的に、アラブと異民族奴隷の間には、男性の血統的にはアラブでありながら、生母は奴隷である混血者が多数生まれた。

もちろん、大征服によるアラブと他民族の広範な接触は、奴隷獲得以外の手段による相互の通婚や性交渉を生み、その結果としても両者間の混血が生じたと思われる。しかし、アラブが他の民族を力で支配するアラブ帝国においては、そのような自由人同士の性交渉も、決して対等な関係で生じたものではなく、支配と隷属という力関係を反映したものであったと思われる。そこでは、支配者であるアラブに隷属する奴隷と、隷属する自由人の違いは、法的には大きく異なったにせよ、アラブとの社会関係においてはさほど、大きな違いはなかったであろう。

そして、このような混血の進行は、社会の上層部であればあるほど、その度合いが激しかったと考えられる。なぜなら、高価な奴隷の購入には財力が必要であり、異民族の支配には権威が必要だったからである。結果として、アラブの下層階層に比して、上層階層は性交渉の相手となる奴隷の獲得が容易であり、その当然の成り行きとして、両者間に子をなす確率も高かった。一方、とくに有力家系のアラブ女性が異民族男性と性交渉をもつ可能性はきわめて低く、これらの女性の婚姻対象は、同じ「高貴な」アラブ有力家系の男性にかぎられていた。しかし、その婚姻対象である男性は、アラブ女性である妻から純血の、父母ともに「高貴な」系譜を有するアラブの子をなすと同時に、婚外において異民族奴隷女性を所有し、その女性と混血の子をなしていたのである。

このような子どもは、父に認知されることによって自由身分を自動的に獲得し、またその母である奴隷女性も、子どもの父（すなわち彼女の所有者）の死後ウンム・ワラドとして、自由身分の解放奴隷となった。しかし、男性中心のアラブの系譜上は一見違いがなくとも、「高貴な」アラブにして確固たる系譜をもつ母が正規の結婚によって生んだ息子と、異民族の奴隷出身にして系譜そのものをもたない母が婚外で生んだ息子には、大きな違いが存在した。

▼**ムバッラド**（八二六〜九〇〇）アズド族出身のアラブ文献学者。アダブ文学の創出によりアラビア語古典文学を確立した大成者の一人。その主著『アラビア語とアダブの完書』は、初期アダブ文学の代表作である。

具体的には、このような子どもはアラビア語で「ハジーン」と呼ばれ、差別の対象であった。時代は若干のちとなるが、九世紀の文人ムバッラド▲は、あるアラブ男性の以下のような詩を伝えている。

奴隷妾の子どもが
われらの間に増えております、あぁ神よ
神よ、私を入らせ給わんことを
卑しき生まれのもの（ハジーン）を目にすることのない国へ

奴隷妾（サラーリーイ）とは婚外で主人と性交渉をもった奴隷女性のことである。一方、神（アッラー）が「私」に入ることを許す国とは、天国のことにほかならない。すなわち、詩の詠み手は、彼の身の回りに奴隷女性から生まれた混血者が増えていることを嘆き、神に、自分が天国へ召されることを祈っている。彼にとって、天国に混血者がいないことは理の当然なのであり、逆にいえば、この詩には、混血者が地獄に堕ちることを神に願うという呪いのニュアンスも込められているのである。

この詩を紹介したあとで、ムバッラドはこのように続けている。「アラブにおいて「ハジーン」とは、その父が高貴で母が下賤なものであり、その根本は彼女が女奴隷(アマ)であることにある」と。

アラブ血統主義からイスラーム中心主義へ

このように、アラブ社会において、母が奴隷女性であることは「卑しき生まれ」を意味し、ときに強烈な差別と呪詛の対象となった。その一方で、征服の拡大やアラブと異民族の接触の増加にともなって、とくに富裕な社会の上層階層に、次々と奴隷女性の子どもが生まれていき、その現象は徐々に一般に広がっていったのである。上記の詩は、そのような状況に対する反発を、激しく表明したものであった。

しかし、アラブ社会のこのような摩擦は、徐々に変化をとげていった。その最大の要因は、地中海西アジア社会の大多数を占める非アラブ異教徒がイスラームへ改宗することによって、アラブと非アラブのパワーバランスが逆転し、アラブ支配のアラブ帝国から、イスラームを中心とするイスラーム帝国へと変化をとげたことがあげられる。この点については、第三章でふたたびふれたい。

一方、アラブ内部においてもこのような非アラブとの接触の増大や混血者の増大とともに、彼らの存在を無視することができなくなってきた。それはアラブ血統主義から、イスラーム中心主義への社会規範の転換をともなう大きな社会変革であった。

先にも述べたムバッラドが伝え、後世さまざまな文学作品に広がった有名な逸話によれば、マディーナ在住のある男性が、サイード・ブン・ムサイヤブという有徳のイスラーム知識人のもとにかよっていた。サイードは彼を非常に高く評価し丁重に扱っていたが、あるときその男性の母親が奴隷身分であることを知ると、とたんに冷淡に振る舞うようになったのであった。男性はそのことを悲しんでいたが、あるとき、サイードと同座しているときに第二代カリフ＝ウマル▲の孫があらわれた。男がサイードに「あの方は誰ですか」と尋ねると、サイードは「お前の一族のあのようなすばらしい人物を知らないのか」と驚き、彼がウマルの孫であることを教えた。そこで男が「あの方の母親は誰ですか」と問うと、サイードは「女奴隷である」と答えたのであった。

次に初代カリフ＝アブー・バクルの孫があらわれ、また同じ問答がなされた。

▼**ウマル**（五九二～六四四）　ムハンマドの教友にして第二代正統カリフ（在位六三四～六四四）。いわゆるアラブ・イスラームの大征服運動を中心的にすすめ、アラブ帝国を築くとともに、行財政制度を整備し、のちのイスラーム国家の枠組みを生み出した。ただし、その功績には後世からの仮託も多く、歴史的評価のさいには注意が必要である。

アブー・バクルの孫の母親も女奴隷であった。最後に預言者ムハンマドの従兄弟にして第四代カリフとなったアリー▲の孫があらわれた。男がやはり「あの方は誰ですか」と尋ねると、サイードは「ムスリムたるものが彼を知らないということなどは許されない」といって、彼がアリーの孫アリー・ブン・フサイン・ブン・アリー（前出ザイヌルアービディーンのこと。二八頁参照）であることを教えた。そこで男が「あの方の母親は誰ですか」と問うと、サイードは「女奴隷である」と答えた。こうして、マディーナの当代の貴顕三人の母親が奴隷であることを指摘すると、サイードは態度を改め、ふたたび男を丁重に扱うようになったという。

　ここにあらわれるサイード、ウマルの孫、アブー・バクルの孫、アリーの孫の四人は、四人ともに当時のマディーナ社会の中心的な人物であり、とくにイスラームに関する優れた学識と人格で知られて、当代十傑のなかにあげられている。そのような人物のうち三人が、奴隷を母とする「ハジーン」な血統の持ち主であること、すなわち、カリフの子孫たちもまた奴隷を母とするようになり、血統とイスラーム的な人徳が矛盾をきたしはじめていることが、この逸話

▼**アリー**（?〜六六一、在位六五六〜六六一）　アリー・ブン・アビー・ターリブ。ムハンマドの従兄弟であり、ムハンマドの娘ファーティマの夫。アリー夫妻と二人の息子ハサンとフサインおよびその子孫たちは「ムハンマド家」として尊崇を受け、とくにシーア派ではその宗教性の発露の中心的な対象となっている。

▼**イブン・ハッリカーン**（一二一一〜八二）　シャーフィイー派の大法学者。ムハンマド以降の時代から十三世紀にいたる重要人物の伝記を集成した『貴顕たちの伝記』を編纂したことで知られる。

の主題である。サイードは、奴隷の血の「卑しさ」が、イスラーム的価値の前には無意味であることを悟り、カリフの血を引いていない「男」に対する態度も改めるのである。

このように、イスラームの伝承においてはある時点から、奴隷の血を差別する言説と並んで、イスラームの徳の前には、奴隷の血は問題とならないという言説があらわれはじめる。後世の傑出した伝記学者イブン・ハッリカーン▲によれば、「かつてメディナの住民はウンム・ワラドをもつことを嫌っていた。しかし彼らのうちで、（アリーの孫）アリー、（アブー・バクルの孫）カースィム、（ウマルの孫）サーリムが育ち、知識と敬虔さにおいてメディナの住民を凌駕するようになると、人々は奴隷妾を欲するようになった」というのである。さらに、カリフ＝ウマルに仮託された言葉として「奴隷妾の子どもほど賢いものはない。彼らはアラブの栄誉と非アラブの機知をもちあわせているからである」などという言説も知られるようになった。これもまた、奴隷の血を引くこと、非アラブの血を引くことが、社会においてとくにマイナスにはならない、どころか状況によってはプラスであると意識されるようになったことを示している。

イスラーム法は、自由人ムスリムを新たに奴隷化することを禁止している。このため奴隷はつねに、ムスリムの保護を受けていない非ムスリムから調達されることとなった。この結果、奴隷はつねに他者であり、異教徒にして異民族であるという状況が生まれる。奴隷の血を引くことは、異民族の血を引くこととほぼ等しく、そしてなお、そのことはイスラーム社会において、特段の不利益とはならないという合意が、ときに強い反発を受けつつも、徐々に形成されていったのである。

それどころか、異民族の血は、ときに異民族の王家の血となってあらわれることもあった。前述のアリーの孫アリー・ザイヌルアービディーンの母は、初期文献から奴隷であることが確認される。しかし、現代のシーア派信仰では、彼の母親はササン朝最後の皇帝ヤズデギルド三世▲の娘であったと伝えられている。その背景には、ヤズデギルド三世の娘がアラブ軍の捕虜となり、奴隷としてマディーナで売却されたという伝承があり、この二つの話がどこかで結びついたのであろう。異民族からの奴隷の血は、「高貴な」血とされることも起きたのである。

▼**ヤズデギルド三世**（?〜六五一、在位六三二〜六五一）　イスラームの大征服のさい、カーディスィーヤの戦いとニハーワンドの戦いで敗戦。東方で反抗を期するも、最後はメルヴで殺害され、ササン朝に滅亡をもたらした。

●―アリー家主要血統図

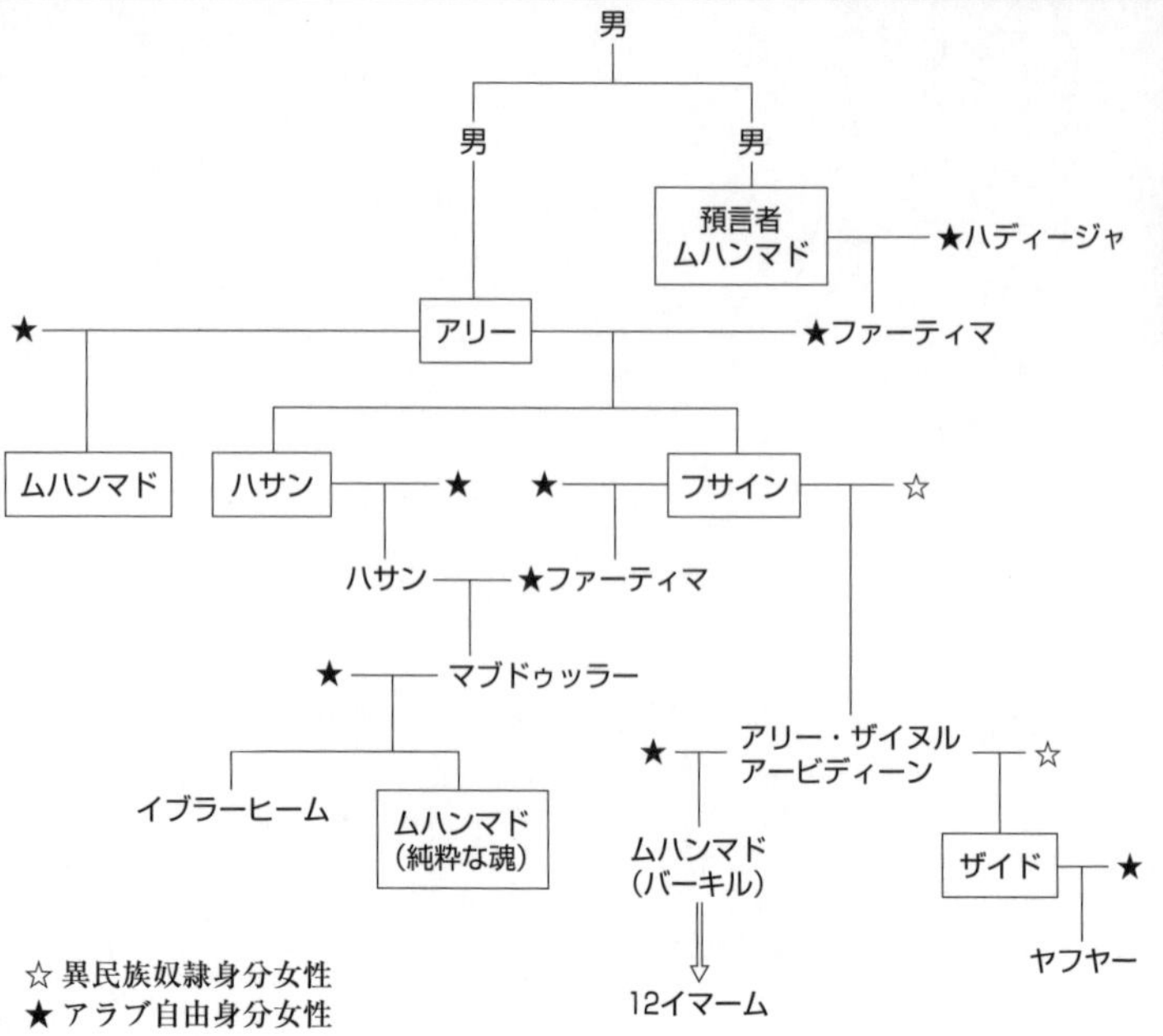

●―アリー・ザイヌル・アービディーン関連系図

シーア派十二イマーム派の伝えるもの。

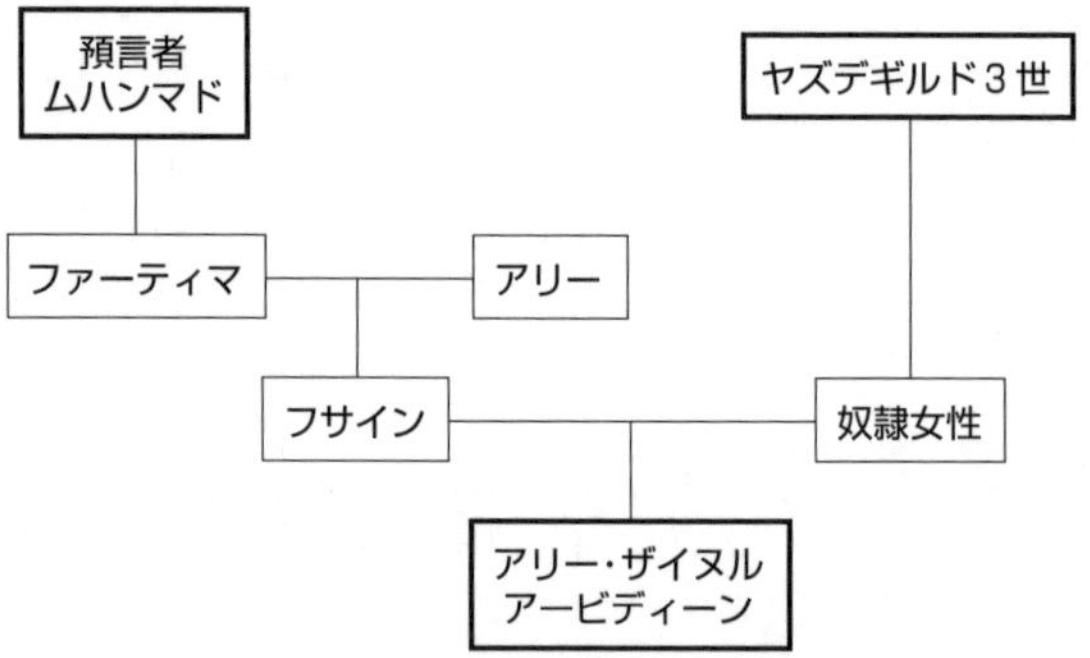

　このように、有力者、社会的上層階層を中心として奴隷を母とする者が増え、その結果、奴隷の血を引くことよりも、本人の実力、イスラーム的な徳こそが社会に意味をもつようになったことは、奴隷の子どものみならず、元奴隷である解放奴隷や、ひいては「将来自由人となるであろう」奴隷本人に対する見方まで変革する意味があった。もとより、キリスト教においてもイスラームにおいても、奴隷という身分と、信仰者としての徳は別物であるという思想は初期よりみられるものであるが、イスラームにおいては、そのことがより鮮明に社会の実態に反映するようになった。奴隷は明日の自由人であり、奴隷であることよりも、本人の人格こそが社会的な意味をもつのである。

③—宮廷の奴隷たち

アッバース朝カリフ＝マンスール

有力者を中心として奴隷が受容され、さらに奴隷の血を受けた子どもが生まれるのであるとすれば、そのもっとも大きな影響を受けるのは、帝国における最大のイエであるカリフの一族であった。

すでにアラブ帝国ウマイヤ朝（六六一〜七五〇年）の末期から、奴隷を母にもつカリフが即位を始めていたが、イスラーム史上、もっとも大きな意味をもったのは、アッバース朝第二代カリフ＝マンスール▲の即位である。

マンスールは初代カリフ＝アブー・アッバース▲（サッファーフ）の異母兄であった。アッバース朝創建運動の中心を担ったイブラーヒーム▲が、ことの成就を目前にして獄死したとき、そのあとを継いだのは、残された兄弟のうち弟のアブー・アッバースであった。これは、アブー・アッバースの母が有力なアラブの出身であったのに対して、マンスールの母は北アフリカ出身のベルベル系奴隷女性だったからである。ここには、明確にアラブの純血性よる差別が反映し

▼マンスール（在位七五四〜七七五）　バグダードの建設、諸官庁の整備、軍事体制の確立などを進め、アッバース朝支配の基礎を築いた。事実上のアッバース朝の建設者とされる。

▼アブー・アッバース（在位七四九〜七五四）　サッファーフのカリフ名でも知られる。アッバース朝革命を主導した兄イブラーヒームの急死を受けて、急遽初代カリフに推戴された。ウマイヤ朝残存勢力との戦いに尽力した。

▼イブラーヒーム・ブン・ムハンマド（七〇一／七〇二〜七四九）　アッバース家革命運動の指導者。アブー・ムスリムをホラーサーン地方に派遣するなど、アッバース家革命の実現に尽力したが、革命成功の直前にウマイヤ朝政府に捕縛され獄中で死去した。マンスールと同じく、母は奴隷女性であった。

●アッバース朝系図

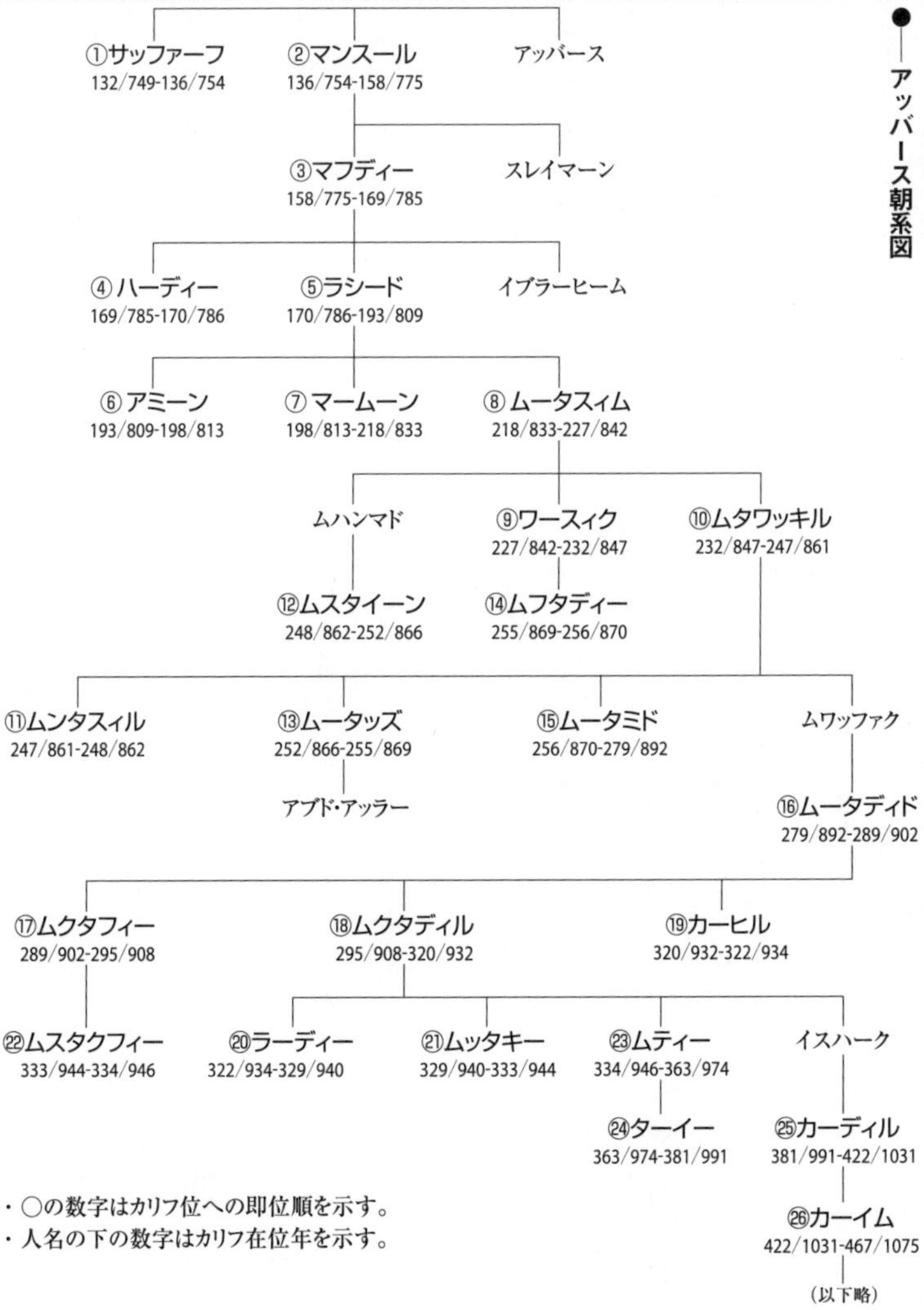

・○の数字はカリフ位への即位順を示す。
・人名の下の数字はカリフ在位年を示す。

ている。

しかし、アブー・アッバースが早世すると、マンスールがその後継者として即位し、事実上アッバース朝の基礎を築いた。これ以降アッバース朝では、それ以前のウマイヤ朝と比して、はるかに縦横に、奴隷出身者や非アラブが政府高官として用いられることとなる。アッバース朝がアラブ帝国ではなくイスラーム帝国と呼称される一つの理由である。

実際にはマンスールの即位にはさまざまな抵抗があった。そのもっとも中心的なものは、預言者ムハンマドの子孫にして、純血アラブのサラブレッドたるムハンマド・ブン・アブドゥッラー・ブン・ハサン・ブン・ハサン・ブン・アリー・ブン・アビー・ターリブすなわち、ムハンマドの娘ファーティマの血を引き、ムハンマドの従兄弟アリーの直系、さらにアリーの息子ハサンの息子と、アリーのもう一人の息子フサインの娘の血を引く人物であった。通称「純粋な魂ムハンマド▲」という。

このアラブの血統の権化のような人物は、ベルベル系奴隷女性の息子マンスールに対して、自らの血統の優秀さを誇示し、政権を譲渡するように迫ったの

▼**純粋な魂ムハンマド**（七一二頃〜七六二）　アリーの子孫であるハサン家の指導者。将来ウマイヤ朝を倒してカリフとなることを嘱望されていた。アッバース朝カリフ＝マンスールに対して政権の禅譲を要求したが拒否され、兄弟のイブラーヒーム・ブン・アブドゥッラーとともに反乱に踏み切ったが鎮圧されて死去した。その誠実な人柄から「純粋な魂」（ナフス・ザキーヤ）の美称で知られる。五〇頁系図参照。

であった。これに対して、マンスールは「お前の一族アリー・ブン・フサイン・ブン・アリー▲をみよ。その母は奴隷女性である。しかし彼のような優れた人物がほかにいるであろうか」と答えて、その要求を拒絶した。このマンスール以降、アッバース朝カリフはただ二人の例外を除いてみな、奴隷女性を母にもつ者がカリフになった。

要職についた奴隷出身者

マンスールは、自らが非アラブ奴隷の血を引いているだけでなく、非アラブ出身の人々、奴隷出身の人々を積極的に用いて、アッバース朝の基礎を築いていった。その代表が、バルマク家のハーリド▲とマディーナ出身の解放奴隷ラビーウ・ブン・ユーヌス▲である。

前者は、アフガニスタン北方の仏教都市ナウバハールに生まれた。バルマクとはこの地の高僧を示すパルマクから転訛した名であり、この一族は仏教徒からの改宗者であった。ウマイヤ朝末期にイラクに到来し、改宗してアズド族に従属するマワーリーとなったハーリドは、アッバース朝革命に参加して頭角を

▼アリー・ブン・フサイン・ブン・アリー　前出アリー・ザイヌルアービディーンの本名。

▼ハーリド・ブン・バルマク（七〇八頃～七八二頃）　ファールス、タバリスターンなどの重要な地方総督を歴任し、のちのバルマク家の権力基盤を築いた。バグダード建設の実質的な責任者であったとする伝承もある。

▼ラビーウ・ブン・ユーヌス（七三〇頃～七八五／七八六）　マンスールのもとでは侍従と宰相を歴任し、その権威の絶頂にあった。

あらわし、やがてマンスールの腹心の一人として行政に参加して、要職を担うにいたった。さらにその息子ヤフヤーはマンスールによって、のちの第五代カリフ＝ラシードの教育係に任命された。ヤフヤーの息子ファドルは、ラシードの乳兄弟として育ち、父ヤフヤー、息子ファドル、その弟ジャアファルの三人はラシードの即位後、その側近として事実上権力を壟断《ろうだん》しバルマク家の栄華を築き上げたのであった。

　これに対してラビーウ・ブン・ユーヌスは、マディーナで生まれた奴隷であり、複数の主人をへて、アッバース朝初代カリフ＝アブー・アッバースに贈与されたといわれる。さらにその死後はマンスール、マフディー、ハーディーと歴代のカリフに仕え、おもに侍従（ハージブ）として強大な権力を握った。マンスールは新たに築いた首都バグダードの四分の一をラビーウに下賜し「ラビーウ地区」としている。その息子ファドル・ブン・ラビーウは、ラシードの時代にやはり侍従としてバルマク家の勢力に対抗し、バルマク家の失脚後には宰相としてその地位を継承した。

　この両者に典型的にみられるように、マンスールの治世においては有能な異

▼ヤフヤー・ブン・ハーリド（七三七頃〜八〇五）　父ハーリドの補佐として要職を歴任した後、ラシードの即位時に宰相に任命された。二人の息子とともに権勢をふるったため、八〇三年にいたる彼の一七年間の宰相時代は「バルマク家の治世」とすら評された。のちラシードによって投獄され死亡。

▼ファドル・ブン・ヤフヤー（七六五頃〜八〇八）　ジャアファルの兄であり、ラシードの乳兄弟として育てられた。ジャアファルに比して謹厳な性格であったと伝えられる。ジャアファルの処刑にさいして父とともに捕縛され、獄中で死去した。

▼ジャアファル・ブン・ヤフヤー（?〜八〇三）　ファドルと並んで要職を歴任したのみならず、ラシードの寵愛を一身に集め、その遊興の友でもあった。『アラビアンナイト』の逸話にもたびたびラシードの供として登場する。八〇三年に突如として粛清され、バルマク家の栄華に幕をおろした。

▼**ファドル・ブン・ラビーウ**（七五七／七五八〜八二三／八二四）　バルマク家の権勢に対抗する人材としてラシードに用いられ、その後もラシード政権の中心を担った。ラシードの死後はカリフ＝アミーンの腹心としてその政権を支えた。

民族出身者の改宗者や奴隷が、カリフの腹心として政権に関わり、アラブにかわって強力な権力をふるうようになった。この状況はアッバース朝をつうじて変わることがなかった。ここで注目すべきは、この異民族出身の改宗者と解放奴隷が、ともにカリフの腹心としてマワーリーと呼ばれたことである。

大征服によって成立したアラブ帝国では、ごく一部のアラブ・ムスリム支配者が、西アジアに居住する大部分の非アラブ非ムスリム住民を支配する体制がとられた。そのなかでは、大征服によって奴隷となった多数の人々がアラブ・ムスリムの奴隷として、彼らに仕えることとなったのは今までみてきたとおりである。しかし、圧倒的多数の被支配民族の一部は、やがて社会的上昇を求めてアラブの保護下に入り、彼らと個人的なつながりを形成した。彼らは「解放奴隷」と同じくマワーリーと呼ばれ、事実上の半隷属状態におかれたが、同時にそれはアラブが彼らに保護を与え、彼らの能力を活用することであった。彼らはイスラームに改宗することによって非アラブ・ムスリムとなり、アラブの補佐として社会の中枢へと関わるようになった。

マンスールの即位は、このような非アラブ・マワーリーに、カリフとワラーを結ぶ機会を与えることとなった。ハーリド・ブン・バルマクのような改宗者は、カリフと個人的な関係を取り結んで「カリフのマワーリー」となり、ラビーウ・ブン・ユーヌスのような厳密な意味での奴隷・解放奴隷とともにカリフの腹心として活躍したのである。

またカリフにとっては、このようなマワーリーと奴隷との区別はあまり大きなものではなく、みな「カリフの奴隷」であった。両者はともに主人に隷属するものであり、奴隷も解放されれば、まさしく自由人にして主人に隷属するマワーリーとなる。社会的に区別する意義もあまりなかった。カリフとの関係においては、奴隷・解放奴隷・異民族改宗者などが、みな同じマワーリーの名のもとに腹心となりえたのである。

侍従（ハージブ）とハレム

さらに注目すべきは、ラビーウの担った「侍従」（ハージブ）という職務である。アッバース朝政権の大きな特徴は、中央集権の強化と宮廷儀礼の複雑化、後宮の拡大にともなって、宮廷組織が肥大したことであった。奴隷を中心とした宮廷の使用人、護衛兵の数は十世紀には合わせて数万におよんだとされる。マンスールの時代にはまだその規模にはいたらないにせよ、カリフと外来者・訪問者の面会を管理する侍従は、宮廷の内と外をつなぐ輪として強大な権力を握る立場にあった。同じように、バルマク家がカリフの息子の教育係を担当し、また彼らの息子たちがカリフの息子の乳兄弟として、宮廷の内奥に住むカリフの妻のもとに出入りしていたことも、非常に大きな意味をもつ。カリフのマワーリーであるバルマク家は、純然たる奴隷たちとともにカリフのプライベートな空間と公的な空間をつなぐ存在となっていた。

一般にハレムの呼称で知られるイスラーム教徒の私的空間は、イエの主人たる男性が支配下にある女性を管理する場所であると同時に、それらの女性たちが子どもを育て、また主人とともに日々の安寧を維持する場でもある。その場に出入りすることのできるものは、主人と妻・妾・子とその親族であり、女性や年少・老齢の使用人、またとくに主人の信頼を受けた人物にかぎられていた。外の公的な空間と異なり、このハレムと呼ばれる内の私的な空間は、きわめてプライベートで親密な時間を過ごす場であり、信頼する血縁、親族が外部の他者を排除して相対する場でもある。このためイエの主人の意志決定にとって、ときに公的な空間にも関わる重大な影響をおよぼすことがあった。カリフやスルタンなどイスラーム王朝君主の後宮は、まさしくこの「私的空間」が極限まで拡大した空間であり、奴隷女性や宦官、奴隷少年兵を中心とした場であった。

　マンスールの子マフディーの妻ハイズラーンはイェメン出身の奴隷女性である。購入もしくは贈与によってマフディーの所有となってのち、奴隷としてマフディーの子どもを二人産んでウンム・ワラドとなった。さらにマフディーによって解放され、正式に婚姻関係を結んでマフディーの妻となったのである。また息子ラシードの教育係となったバルマク家と親交を持ち、幼少のファドル・ブン・ヤフヤーに乳を与えたといわれるのも彼女である。そして彼女はマフディーの死後、年少のラシードを後見し権力を掌握した。後宮での私的なつながりを用いてバルマク家と連携したことも、その背景にあげられよう。

　こういったケースは、十世紀初頭のアッバース朝カリフ＝ムクタディルの母であるシャガブ(サイイダ)をはじめとして、オスマン朝にいたるまでイスラーム諸王朝の各所にみることができる。広大な版図を支配する王朝のなかでも、

黒人宦官に囲まれるオスマン朝スルタン、アフメト三世

十九世紀に描かれたオスマン朝の白人宦官（左）と黒人宦官（右）

▼ムクタフィー（八七七／八七八〜九〇八）　アッバース朝第十七代カリフ（在位九〇二〜九〇八）。父ムウタディドの施政方針を継承しアッバース朝中期の繁栄を維持した。

とくに君主の宮廷・内宮を中心とした私的な空間こそが、もっとも奴隷や異民族出身者が力を発揮する場であった。このようにすでにマンスールの時代を萌芽として、カリフの宮廷を舞台に、奴隷出身の侍従、奴隷出身の宮廷女性、異民族出身のマワーリーが対立と連携を繰り返しながら、帝国の運営そのものに関与していく構図をみることができるのである。

宦官（ハーディム）と「奴隷少年」（グラーム）

そして、この構図のなかでさらに注目されるのが、宦官（ハーディム）と「奴隷少年」（グラーム）の存在である。前出のムクタディルの宮廷には、黒人宦官七〇〇〇人、白人宦官四〇〇〇人、自由身分もしくは奴隷身分の女性四〇〇〇人、「フジャリーヤ」と呼ばれる精鋭の「奴隷少年」（グラーム）数千人、そのほかの警護要員六〇〇〇人以上がいたといわれる。またその父ムクタフィー▲の宮廷には、黒人白人合わせて宦官一万人、「奴隷少年」（グラーム）二万人がいたという。数字そのものの信頼性は別として、かなりの数であることは間違いがない。

▼サカーリバ　「スラブ人」を意味する、スラブ系もしくはヨーロッパ北東部出身の白人奴隷の総称。通常の家内奴隷・軍事奴隷のほか、宦官として所有されることが多かった。とくにアンダルスの後ウマイヤ朝宮廷では十世紀にサカーリバが大きな勢力となった。

▼ムーニス（八四五／八四六頃〜九三三）　宦官でありながらカリフ＝ムウタディドのもとで軍事方面に頭角をあらわし、ムクタディル時代に軍事と財政を掌握して事実上の大アミールとなった。のちムクタディルと対立し、反乱によってムクタディルを殺害した。

▼イフシード朝（九三五〜九六九）　中央アジア系奴隷軍人の息子ムハンマド・ブン・トゥグジが、エジプト・シリアに開いた王朝。ムハンマドは、カリフからソグド王を意味するイフシードの称号を与えられたため、その王朝はイフシード朝と呼ばれている。

イスラーム世界における宦官使用の伝統の由来は明確ではない。地中海世界、とくにビザンツ帝国の伝統の継承は大きな要因であったろう。いずれにせよイスラーム社会では、イスラーム教徒や庇護民を意図的に傷つけることが禁止されていたため、これらの宦官はイスラーム社会の外で施術された異教徒であった。おもに、ナイル川上流域で施術された「スーダーン」（黒人）と呼ばれるアフリカ系の人々と、アンダルス沖の諸島部やフランス北部で施術された「サカーリバ」▲と呼ばれるスラブ系・ヨーロッパ系の人々に分かれると認識されていたようである。これらの宦官は、君主の宮廷のほか、裕福な階層のハレム、またマディーナなど一部の聖域でも用いられ、独特の地位を獲得していた。施術にともなう生存率の問題から、奴隷のなかでもとくに高価であり、一般家庭には手の届かない存在であったといってよい。

彼らは後述の奴隷少年と並んで、主人の私的空間に自由に出入りすることが可能であり、この結果、主人の女性や家族に対して大きな支配力をもった。また、主人の私的生活そのものに関与し、私的空間と公的空間を自由に行き来することが可能であったため、侍従以上に大きな移動の自由をもち、主人と外界との接触を制御することもできたのである。このためとくに公務に関心をもたない主人のもとでは、宦官が強大な権力をもつことがあった。

さらに、宦官は女性だけでなく奴隷少年の管理者でもあった。前近代イスラーム社会における女性・少年・奴隷の社会的地位の共通性は注目に値するが、少年は、時代と地域によっては完全に女性と同じく主人の性の対象であった（この点は宦官も同様であり、同じく性の対象であったとみられる）。また性の対象であるとなしとにかかわらず、女性と同じく奴隷少年を特定の「部屋」（フジャル）に隔離し、宦官のもとで教育をほどこす事例がみられる。前出のフジャリーヤとはこの「部屋」で管理された、とくに選ばれた奴隷少年を意味する。宦官は、主人の私的空間を統御し主人へのアクセスを管理すると同時に、ときにこれら奴隷少年たちの武力を掌握することによって軍事力を形成することもあったのである。その代表例がムクタディルの宦官ムーニス▲であり、彼はのちのスルターン制成立に大きな役割をはたしたと考えられる。またイフシード朝▲のカーフール▲は自らが王朝君主となり、ファーティマ朝▲のジャウザル▲もまたカリフのもとで内政の中心に位置して強勢をふるった。同様の事例は、オスマン朝

▼カーフール（?〜九六八）　ムハンマド・ブン・トゥグジュの購入した黒人宦官。ムハンマドの死後、イフシード朝の実権を事実上掌握し、九六六年にはエジプトの支配者（第四代君主、〜九六八）であることを宣言した。左はカーフールの発行したコイン。

（表）（裏）

▼ファーティマ朝（九〇九〜一一七一）　エジプト・シリアを支配したシーア派王朝。シーア派の分派イスマーイール派を信奉し、アリーの子孫をカリフに推戴してアッバース朝に対抗した。エジプトにカイロを建設した。

▼ジャウザル（?〜九七三）　ファーティマ朝の初代から第四代までのカリフに仕えた宦官。第二代カーイムの時代には事実上の宰相となり、その後も歴代カリフに絶大な信頼をおかれた。

にいたるまでみることができるのである。

一方、奴隷少年には、さらに着目すべき点がある。もともと年少者は母のいる私的空間で養育されるものであり、中央アジアなど各地から購入された年少の奴隷少年もまた、宦官と並んで私的空間の出入りが自由な存在であった。このため、彼らはカリフなど主人たちの身の回りの世話をし、従者として主人に付き従うなど、イエや宮廷の内外においてつねに主人の側にひかえていた。上述のように、状況によっては彼らは主人の性的欲望の対象でもあり、その意味できわめて主人との関わりが深いプライベートな存在であったのである。史料においても、宦官と奴隷少年が組になって登場することは非常に多く、そのなかでは宦官とともに泣き叫び逃げ惑うような、か弱く、男性性の希薄な奴隷少年の姿をみることができる。

一方で、そのような奴隷少年はやがて十代半ばになると壮健な「男性」へと成長する。その一つの指標は髭のあるなしである。髭が生えはじめた彼らは、もはや女性の空間に自由に出入りできる「少年」ではないが、依然として君主などの主人の身の回りにひかえる親密で私的な存在であり、引きつづき「奴隷少年」を意味するグラームと呼ばれた。同時に、彼らのうち素質のあるものや、またとくに軍人として購入された中央アジア出身の奴隷少年たちは、成長の間にイスラーム的な教養を身につけるほか、武器の扱いに習熟し、乗馬と弓射の術を学んで立派な軍人となり、まさしく主人の身辺警護を担うエリート近衛兵へと組み入れられていく。そして帝国の危難においては、中心的な軍事力として主君のもとを固めるのである。

ムクタディルやムクタフィーの宮廷にみられる数千から二万におよぶ「奴隷少年」（グラーム）とはとはこのような存在であり、年少の文字どおりの奴隷少年から、軍事力の中心を担うグラーム集団までをも含むとみられる。「グラーム」とは、もともとは奴隷身分か自由身分かを問わず一般名詞として少年全般を指す言葉であるが、上記のように主人の側仕えをする「奴隷少年」と、彼らの成長した姿である「成人奴隷」そして、その一部のエリートたる「奴隷軍人」のすべてを包括する言葉として用いられた。奴隷が社会的に「少年」「少女」とみなされることについては、第四章でふたたびふれるが、とくにグラームという言葉は歴史的に非常に大きな重要性をもつといえる。そして、このようなグラームのうちエリート軍人に養成される奴隷は、やがて十三世紀セルジューク朝末期になると、グラームとは別個に「マムルーク」と呼称され、独自の社会階層を形成することとなるのである。

マムルーク

マムルークについては、佐藤次高の名著『マムルーク』によって知られ、現在は高等学校の教科書でもふれられるようになっている。マムルークの姿は、アイユーブ朝▲の建設者サラーフッディーン▲の軍隊のうちにもみることができる。おもにキプチャク系のテュルク人からなるマムルークは、年少のうちに主人に購入されて、アラビア語の会話や読み書きをはじめとするイスラーム教育や軍人教練をほどこされ、主人の恩顧に忠誠心をいだくエリート軍団に育てあげられた。とくにアイユーブ朝末期のスルタン＝サーリフ・アイユーブ▲はナイル川のローダ島にバフリーヤと呼ばれるマムルーク軍団を営んだが、彼らがサーリフの死後クーデターによって王朝を建設したのがマムルーク朝の始まりであった。

▼アイユーブ朝（一一六九～一二五〇年）　クルド系のアイユーブ家がエジプト・シリアを中心に建設した王朝。初代サラーフッディーン死後は、一族による連合王国的支配体制を確立し、十字軍国家と対立しつつ繁栄を築いた。

▼サラーフッディーン（一一三八～九三）　サラディンとして知られる。ファーティマ朝にかわってエジプトにスンナ派を復活させ、イクター制を施行。また十字軍からイェルサレムを奪回した。

▼サーリフ・アイユーブ（一二〇六／〇七～四九）　アイユーブ朝の事実上最後のスルタン（在位一二四〇～四九）。一族の権力闘争のなかで地位を固めるためにマムルークを大量に購入し、スルタン就任後も重く用いた。

延焼兵器で武装したマムルーク騎士

マムルーク朝の大きな特色は、奴隷出身者であるマムルークが社会の上層を独占するという特異な社会構造をもつことであったが、このこと自体はここまで本書で概観してきた内容から理解することができる。奴隷であるマムルークは、主人であるスルタンのイエの一員であって、この両者の関係は父であるスルタンが子であるマムルークを支配・保護するものである。このため、スルタンの子どもであるマムルークはスルタンが提供する社会的地位と権力を享受することができるのである。

一方、マムルークに支配される社会の側からすると、「奴隷」とは「身分」であるが「階層」ではない。奴隷が奴隷であるのはあくまで主人との関係であって、奴隷が奉仕し隷属する義務があるのは、彼・彼女を所有・支配・保護する主人なのであって、自由人一般ではない。マムルークの支配を受ける一般社会の自由人にしても、マムルークが「奴隷」であるという事実は、自らの社会関係とは無縁な事柄にすぎないのである。

つまり、マムルークはスルタンの家族であるがゆえに、スルタンの支配する社会一般に対して優位にあり、一般民衆は、マムルークがスルタンの「家族」

であるがゆえに、奴隷身分の有無とは関係なく、マムルークを上位とする社会関係を受け入れることとなる。奴隷(元奴隷)が社会を支配するのではなく、社会を支配する人々が、より上位の個人に奴隷(元奴隷)として隷属しているという状況なのである。このことは、スルタンに隷属するマムルークに支配されている一般大衆が、今度は自らに隷属する奴隷男性や奴隷女性を所有し、彼らに対する小規模で個人的な、支配と保護の権利を行使するということを意味する。「奴隷」は社会の最上層にも最下層にも同時に存在しうる。「奴隷」であるということは、社会的な身分であるという側面と個人的な紐帯であるという側面をもち、さらにまた「奴隷という平板な社会階層を形成しない」という側面をももつのである。

　このことは、さらにもう一つの問題を理解する鍵となる。それは「王の奴隷」の問題である。オスマン帝国においてデヴシルメ制▲によって獲得されたイェニチェリ▲や、サファヴィー朝においてグルジアなどコーカサス地方から個人的な紐帯によって獲得されたゴラーム▲など、アッバース朝のグラーム軍団やマムルーク朝のマムルーク軍団に比較しうる事例は、イスラーム世界の各所でみ

▼デヴシルメ制　オスマン帝国で用いられた異民族・異教徒の人材登用制度。おもにバルカン半島のキリスト教徒を中心に、幼少の優秀な人材を「御門の奴隷」(カプクル)としてスルタンのもとに送り、宮廷従事者や国家の官僚・軍人として養成・登用した。左は十六世紀のミニアチュールに描かれたデヴシルメの様子。

▼イェニチェリ　デヴシルメで徴用された少年のうち、身体能力に優れた者が選抜された常備歩兵軍団。銃火器を操ることで強力な軍事力となった。十六世紀末までは君主に忠誠を誓う精鋭軍団として知られたが、のちに規律がゆるみしばしば暴動を起こした。一八二六年に廃止。

ることができる。このことは、マムルーク研究の重要性の大きな根拠となってきた。しかし同時に、これらの軍団が奴隷身分として購入された存在であるか否か、またイスラーム法上の奴隷であるのか否かについては、つねに議論がされてきたところである。事実、後期のイェニチェリについては、明らかに自由身分の人々が採用されており、また前田弘毅がその主著『イスラーム世界の奴隷軍人とその実像』で指摘するように、ゴラームにしても彼らが奴隷身分であったかは疑問点が多い。

しかし、少なくとも指摘できるのは彼らが「王の奴隷」ともいうべき、君主への個人的な隷属者集団であったという事実であろう。このような「王の奴隷」は、明らかに修辞的な言葉として用いられる場合もあり、これをもって確立した社会制度とみなすことができない場合もあるが、少なくともアッバース朝カリフの腹心であった異民族改宗者マワーリーのように、奴隷身分であるとなしとにかかわらず、君主という個人に隷属する人々は数多く存在した。すでに述べたように、奴隷であるかないかという問題は連続する隷属性の強弱の問題であり、隷属する対象の問題である。「誰に、どの程度、隷属するか」とい

▼ゴラーム　サファヴィー朝第五代君主アッバース一世が国政改革の一環として形成した「王の奴隷」集団。コーカサスの有力者子弟などを中心にさまざまな出自のものが、軍事のみならず行政や宗教職にも用いられた。出身地コーカサスとの紐帯を強く維持したことでも注目される。

う度合いが、特定の社会のなかでどのように受け止められるか、またどのような機能をはたすのか、が「奴隷」という存在の意味を示すのである。

前近代のイスラーム社会の上層には、君主の宮廷を中心に、君主との個人的な関係を結んだ多くの奴隷や外来の隷属者が存在し、政治的社会的軍事的にきわめて大きな役割をはたしていた。彼らは、奴隷や隷属者であることをつうじて、通常よりも強い紐帯を君主との間に築き、社会的な地位を獲得して裕福な生活を営み、一般の自由人に対して権力をふるったのであった。しかし、このような奴隷たちの姿は、奴隷と主人の紐帯のある側面を示しているのにすぎない。奴隷と主人の関係は、その関係が私的・個人的であるからこそ、より多様であった。次章では、そのようなふつうの奴隷の姿に焦点をあてたい。

④―搾取される奴隷

奴隷の社会的イメージ

宮廷や有力者の奴隷を視野においた場合、イスラーム社会において一様に軽侮される奴隷階層が形成されなかったのは事実である。奴隷制が廃止された二十世紀初頭のイラクにおいても、南部沼沢地のアラブ人は奴隷の子孫を奴隷とみなしていたが、一方で彼らを虐待したり軽蔑したりせず、そのなかには族長の信頼を受けて権力や名声を博す者がおり、また族長の養子となった者もいたという。ここでいう「奴隷の子孫」とは、旧奴隷男性の子孫か、アラブ男性によって認知されなかった奴隷女性の子孫のことだろう。

しかし、同時に、このように奴隷扱いされた男性が、自由人のアラブ女性と婚姻することは厳禁されていたという。これは身内すなわちイエの不名誉とされ、イエを構成する主人と男たちの尊厳に関わるとみなされたようである。身分としての奴隷は、やはり差別され軽侮される側面を強くもっていたことになる。

▼**アブシーヒー**（一三八八頃〜一四四六）　詞華金言集『優雅な文芸における比類なき書』の編纂で知られる。

中世の文献を概観しても、奴隷を揶揄し軽侮する言説は、簡単に目にすることができる。それらの文献は、奴隷を「邪悪」「怠惰」「ずる賢い」などという形容をもって描いている。例えば、マムルーク朝期の文学者アブシーヒー▲が奴隷の欠点としてあげる金言は以下のとおりである。

預言者ムハンマドはいった「終末のときにもっともつまらない財産は奴隷である」。ムジャーヒド〔という人物〕はいった「宦官が増えるほど、サタンが増える」。〔古の賢者〕ルクマーンは、息子にいった「女に秘密を明かすな。また、宦官からの奉仕を望むなら、その宦官と共寝するな」。ある者たちは奴隷（アブド）を評していった「食べるだけ食べて仕事をいやがり、立つのを怠って眠りを好む」。

個々の金言には多様な解釈の余地があるが、これらを一連のものとした文脈は、明らかに奴隷を軽侮するものである。またアブシーヒーは、奴隷の邪悪さを示す逸話として、アフガニスタン海岸部の男性の話を伝えている。

ある名家の男性が黒人奴隷少年（グラーム）を購入して育て、自分の子どもとして扱った。成長したグラームは男性の妻に横恋慕し、彼女を誘惑して思いをとげてしまった。そのことを知った男性はグラームを懲罰したが、逆恨みしたグラームは男性の子ども二人を殺害した、というものである。

この逸話はアッバース朝初期のこととされているが、黒人男性が主人の妻を寝取る主題は『千夜一夜物語』の導入部などに繰り返しあらわれる。事実というよりは、あくまで当時の物語の受け手がいだくイメージの問題となるが、主人が奴隷グラームを養育し、息子として扱うということが、自然な行動として語られる一方で、そういった奴隷が忘恩の振る舞いをする存在として語られていることに注目すべきである。さらにいえば、このような黒人グラームが、「主人の妻」や「主人の幼い子ども」という本来私的空間の住人である人々と容易に接触していることにも注意してみたい。奴隷は、あまりに身近であるがゆえに邪悪な存在となりうる異人であるという、二律背反的な存在として語られているのである。

もう一つアブシーヒーからの逸話をあげよう。

ある男が、もっとも怠惰なグラームを所有していた。あるときブドウとイチジクを買いに行かせると、うんざりするほどの時間をかけて片方のみを買ってきた。主人はグラームを殴打し、これからは二つの用事を同時にはたすよう命じた。次に、あるとき主人は病をえて、グラームに医者を連れてこさせた。するとグラームは今度は気を利かせて医者と墓掘人を連れてきたのだった。

もちろん、これは落語にもつうじる笑い話であろう。しかし、奴隷が「もっとも怠惰」で「まともに用事をはたすことができず」、にも関わらず「反社会的な賢さ」をもつ者として語られている点は、興味深い。日本古典であれば、ずる賢い丁稚や間の抜けた与太郎に割り振られる性格・役割がグラームに与えられるのである。また、ここでは主人が奴隷の怠慢にさいして「殴打した」と語られている点にも注目したい。奴隷の怠慢は、「殴打」という矯正によって、一足飛びに「墓掘人を呼ぶ」といういきすぎた教導効果(もしくは意図的な復讐)を生んでいるのである。

このように奴隷は、宮廷や有力者のもとで権威と権力を振りかざすのみならず、社会のどこにでもいる存在であり、なおかつ周囲から軽侮を交えたイメージをもって語られる存在でもあった。つまり、奴隷には、軽蔑どころか信頼され尊敬されるにいたる者と、軽蔑・侮辱され警戒される者がいたことになる。

そして、イスラーム社会の言説のなかでは、この両者がともに普遍的にあらわれるのである。

このような差は、奴隷の職務の差であり彼らが仕える主人の差に由来するものともいえるが、しかし、それだけではなくもう一段階複雑な構造に目を向ける必要がある。それは、奴隷と人種と職務そして社会的な扱い、の切り離せない構造上の問題である。

奴隷の「人種」と職務

十一世紀シリアのキリスト教徒医学者イブン・ブトラーン▲が執筆した『奴隷購入の書』は、奴隷を購入するさいの心得を説いた書であり、日本では佐藤次高の紹介によってつとに知られるようになった。ミュラー▲によれば『奴隷購入の書』とは十一世紀以降にさかんになる文学分野の一つであり、ほかに十五世紀初頭エジプトのムスリム医学者・法学者アムシャーティー▲のものなど複数の著作が現在に伝わっている。

イブン・ブトラーンやアムシャーティーの『奴隷購入の書』には、奴隷を購

▼**イブン・ブトラーン**（?～一〇六六）　ネストリウス派の神学者・医学者であり、バグダードから各地をめぐりアンティオキアの修道院で死去。医学や神学に関する複数の著作がある。

▼**ハンス・ミュラー**　現代のイスラーム史研究者。主著『十世紀から十八世紀のアラビア語、ペルシア語、トルコ語案内書による奴隷購入術』。

▼**アムシャーティー**（一四〇九～九六）　カイロ生まれ。法学、文法学などを学び、ザーヒリーヤ学院など複数のマドラサの学院長を歴任した。またマンスーリーヤ学院などで医学も教授した。

入するさいにどの「人種」がどのような性格をもち、どのような職務に向いているかを詳述する章が設けられている。例えばイブン・ブトラーンはエチオピア人について以下のようにいう。

エチオピア人女性。彼女たちは一般的に体躯がなめらかで、柔らかく、弱い。しばしば結核と消耗熱が彼女たちをみまう。彼女たちは歌にも踊りにも楽器奏者にも適しておらず、育った土地以外に適応することもない。彼女たちには、〔心根の〕すばらしさと親切さ、従命における従順さがあり、名誉に〔関わる仕事に〕ついてまかせるのに適している。彼女たちは心の力と肉体の弱さできわだっており、これはヌビア人が、その細身の肉体の強さと心の弱さできわだっているのと同様である。消化機能が弱いので命が短い。

またアムシャーティーのルーム人（ギリシャ人）に対する説明は、

アラブ人ではない人々のうち、ルーム人。知れ。ルーム人の人々は、その色が大部分は淡色であり、その髪は直毛で、目は蒼い。彼らは奴隷（アブド）として、服従的にして、協調的、奉仕的、真摯にして、誠実、世話好きで、信頼できる。彼らには並はずれた気高さと利口さがある。そのグラームは、教育されれば教養や知識・戦闘術のすべてを身につける。また彼らには知恵と正しき意見と名声があり、また吝嗇と貪欲と出し惜しみがある。同様に、女たちは倉庫係に適している。というのは、締まり屋で気前よさが足りないからである。ただし、彼女たちには教養が足りない。

十一世紀のイブン・ブトラーンの記述は、各「人種」を「某人女性」というかたちで女性を中心として記述している。これは奴隷購入の主たる目的が、女性を性的に「使用」することであったことを示している。事実、奴隷の書ではどの人種が「快楽に向いている」「快楽に向いていない」「子をなすのに向いている」といったことが明記されている。ザランジュ人▲女性は性交にさいして麝《じゃ》香《こう》のような汗をかくが子をなすのには向いていない、といった記述は、その典型的なものである。

これに対してマムルーク朝が成立して以降に著されたアムシャーティーの記述は、各「人種」を「某人」(某人男性)と男性形を用いて記述し、とくに男性の軍人としての能力にも言及するのが特徴である。彼はイブン・ブトラーンが

▼ザランジュ人　ザンランジュは現在のアフガニスタンとイランの南部国境地帯にある都市であり、シースターンと呼ばれる地域の中心地であった。この地の出身者が、独自の「人種」とみなされたようである。

記述しない「チェルケス人」「フランク人」などにも記述をさいており、アイユーブ朝、マムルーク朝という十字軍戦争を経験した社会の奴隷観を反映していることが明らかである。

いずれにせよ、これらの記述は「人種」による性格と「職務」への適否を、きわめて本質主義的ステレオタイプ的に断じているという点に特徴をもっている。奴隷としての個々人の性格や「職業」適性は、人間としての個性として備わっているのではなく、まず「人種」そのものに備わっているというのが、この考え方である。そして、そのようにみた場合、イブン・ブトラーン、アムシャーティーがともに医学者であることは、偶然ではない。このような「人種」観は当時一般に広く受け入れられた「科学」であった。

「人種」という言葉のアラビア語原語は「ジンス」である。この言葉は現代では人種や国籍などに広く用いられているが、『奴隷購入の書』においては父系の血統と風土によって決定されるものとして扱われている。すなわち現代の言葉でいえば、ある種の遺伝と環境によって形成されるものがジンスとされる。例えば、ベルベル人女性がマディーナとマッカとイラクで三年ずつ過ごすと、彼女はマディーナ人とマッカ人とイラク人の「ジンスの良さ」を獲得するといわれる。このような「人種」の環境決定論、風土決定論はギリシア科学から受け継いだ伝統であり、冷寒の地で過ごすフランク人と熱暑の地で過ごすザンジュ人はそれぞれ異なった特徴をもつとされるのである。イスラーム医学者たちや地理学者たちは、ガレノス▲をはじめとするギリシア医学の成果、アリストテレスに由来する観相学などからこれを学び、体系的な知識としてイスラーム学に受け継いだ。イブン・ブトラーンは東西南北による肌色や本性の違いを比較し、アムシャーティーは空気や水が住民の本性を含むジンスを決定するとしている。このような言説は、当時の最先端の「科学的思考」であったのである。

こうした「人種」によって本性と職務の適否を判断するという決定論は、当事者である奴隷のみならず社会全体の構成にきわめて大きな意味をもった。すなわち特定の「職務」に無条件で特定の「人種」出身の奴隷があてはめられる、という状況が正当化されたのである。例えばマムルーク朝のマムルークの大多数をキプチャク系テュルク人▲やチェルケス人が占めていたにもかかわらず、これらの奴隷が一般の家内奴隷や宦官としてほとんど史料にあらわれない事実は、

▼**ガレノス**（一三〇頃〜二〇〇頃）　古代ギリシアの代表的な医学者。血液循環論で知られる。イスラーム世界では、九世紀に彼の著作が翻訳され、アラビア医学の根幹とみなされるようになった。

▼**テュルク人**　一般にはテュルク諸語を母語とする中央アジア出身の人々を指すと考えられるが、ほかの「人種」概念と同様にかならずしも厳密な概念ではなく、奴隷を受け入れるホスト社会が、中央アジア出身のさまざまな遊牧集団を漠然と「テュルク人」と判断したケースも多かった。

▼**アラーン人**　キュル川とアラス川に囲まれた現アゼルバイジャン共和国周辺地域の出身者に対する呼称。

このような「人種」と適性への、固定した「科学的」思考がある程度反映されているであろう。もちろん奴隷輸入ルートの固定や買い手と奴隷商人の関係など多様な要素が影響しているのは間違いがない。しかし、マムルーク朝と同時期のフィレンツェでは、多数のチェルケス人やテュルク人が家内奴隷として使用されている。このチェルケス人たちは、マムルーク朝にチェルケス人奴隷を供給したイタリア商人が自国に供給した人々であるが、その扱いは供給先の社会によって大きく異なっていたことになる。

特定の「人種」が特定の「適性」をもつとされた場合、ある「人種」に属すると周囲から判断された奴隷は、否応なくその「職務」へと振り分けられることとなる。ある女性が、「よい子どもを産む」とされる「テュルク人」と判断されれば、彼女は性交渉の対象として購入されるであろうし、「快楽より奉仕に適している」「性欲からは遠ざかっている」とされる「アラーン人▲」と判断されれば、性交渉の対象としては忌避される可能性が高い。その場合、望まぬ性交渉をしいられる危険性は減るが、ウンム・ワラドとして将来解放される可能性も減り、母として発言力をもつこともなくなる。性交渉の対象として購入される「テュルク人」女性であれば、富裕者や有力者のハレムで何不自由なく豊かな生活を送る可能性もあるが、「アラーン人」女性にはその可能性は閉ざされることとなるのである。

さらに「ザンジュ人▲」「アルメニア人▲」と判断された人々の場合、より過酷な状況が待ち受けている。彼らは、その本性をイブン・ブトラーンによって「アルメニア人はビーダーン（白人）のなかでもっとも邪であり、これはザンジュ人がスーダーン（黒人）のなかでもっとも邪なのと同様である。両者はお互いに体躯の力、腐敗の多さ、肝臓の肥大さ（性根の悪さ）という点で、なんと似ていることであろうか」と評されている。彼によれば、「ザンジュ人」は「彼女たちには、苦役に対する耐性がある。ザンジュ〔男〕は満腹になれば、懲罰を与えても苦痛を感じない」とされ、「アルメニア人」は「彼女たちは奴隷（アブド）として、苦役をおこない、奉仕的である。…（中略）…彼らは杖打ちと恐れをもってあたる以外に適しておらず、彼らには苦痛〔をともなう仕事〕や重労働〔をする〕以外に美質がない。あなたが彼らの一人が怠惰にふけっているのをみたとすれば、それは力がないのではなく遊んでいるのである。杖を手に取り

▼ザンジュ人　アフリカ南部東海岸周辺地域の出身者に対する呼称。

▼アルメニア人　歴史的に大アルメニアと呼ばれるコーカサス南東部出身、もしくは地中海東岸キリキア地方に存在した小アルメニア出身、さらにはこれらの地域にかぎらず各地にコミュニティを形成し、いずれもアルメニア教会の信仰を保持していた人々に対する呼称。

なさい。彼を殴打し従命させ、あなたが彼に望むことをなすように注意深く仕向けなさい。というのは、この人種は、怒っているときはもちろん満足しているときにも信頼できないからである」とされる。すなわち、これら二つの人種は苦役に用いられ、その労働が不十分であれば、懲罰や殴打することを奨励されているのである。

家内奴隷と労働奴隷

一般にイスラーム社会の奴隷については家内奴隷が中心であり、とくに前近代には、農耕などの肉体労働や苦役に用いられる奴隷はほとんどみられないとされている。その例外が九世紀のイラク南部沼沢地帯で用いられたザンジュ人労働奴隷であった。彼らはイラク南部の大規模な灌漑農業施設において、奴隷として数万人の規模でおもに塩《えん》の除去労働に用いられた。八六九年から一〇年以上にわたって反政府勢力の反乱に参加したことで知られるが、十一世紀のイブン・ブトラーンの著作においても、肉体労働に用いられたことがうかがわれる。さらに彼らは、近代以降十九世紀にはザンジバル島▲のプランテーション農

▼**ザンジバル島**　アフリカ大陸東海岸、現タンザニア連合共和国に属する島。十九世紀オマーン海洋帝国のブー・サイード朝はこの島にストーンシティを建設し王宮をおいて、東アフリカ支配の拠点とした。

業に従事していた。当時ザンジバル島を支配したオマーン王国の王女は「黒人(the negro)は休息を好み、強制されなければ働こうとしない」と、奴隷に対する懲罰の行使を正当化する言葉を残している。

上記のようにイブン・ブトラーンは「ザンジュ人」「アルメニア人」は、肉体労働に適しており、必要に応じて懲罰・殴打をするべきであると明言する。彼は「どの人種が苦役と笞《むち》打ち以外に適さないか」との問いに「苦役と奉仕を欲するならばザンジュ人とアルメニア人」とも答えており、特定の「人種」が、科学的に肉体労働に駆り立てられ、笞打ちなどの懲罰を受ける結果を導き出しているのである。

この両者のうちとくにザンジュ人が肉体労働と肉体懲罰に結びつけられていることは、近代以降のアフリカ人奴隷労役の実態を考えると、注目に値する。事実、十六世紀頃になるとイスラーム社会の奴隷も黒人奴隷が中心となり、労働奴隷の姿も散見される。またアッバース朝のころから、「黒人」(スーダーン)や「ザンジュ人」に対する差別的な言説が存在することもまた事実である。アムシャーティーはその著作に「黒人(スーダーン)」という節を設けて、「黒人」

全般を「醜い」「本性が悪い」「頻繁に逃亡する」などとして、その筆頭としてザンジュ人をあげている。このように、イスラーム社会に「黒人」に対する偏見が存在したのは事実なのであるが、イブン・ブトラーンの記述では、偏見の対象となっているのはあくまで、黒人では「ザンジュ人」、白人では「アルメニア人」となっているのも事実である。彼の差別の対象は「黒人」ではなかった。また、本節の冒頭にあげた例のように、「黒人」グラームを養育し義理の息子として扱う(結果的に裏切られたことになっているが)といった逸話が、無理なく受け入れられる状況もあった。イスラーム社会における「黒人」奴隷のおかれた状況については、今後慎重に検討する必要があるであろう。

イスラーム社会と奴隷

いずれにせよイスラーム社会の奴隷の、少なくとも君主や有力者・富裕者に購入された有能な(もしくは美形の)者については、ある種の社会的地位を享受することが可能であり、そのような環境が整っていたといえる。また、家計の管理や商売の補佐そのほか、主人の腹心としての役割を与えられた者、主人の寵愛をえた奴隷女性・少年など、また特殊な役割をまかせられた宦官などもまた、自由人に比してまさるとも劣らない生活を送ることが可能であった。というより、彼らと身分上の「自由人」との間は連続的につながったものであったといえるだろう。これに対して、苦役と称される肉体労働を課された奴隷は、肉体的懲罰にさらされる度合いが高く、また家内奴隷であっても女性の場合、望まない性交渉や妊娠を強制される可能性はつねに存在した。また、どのような奴隷であっても、過度でない懲罰・殴打はつねに主人の権利のうちにあった。そして、このような奴隷たちのそれぞれの状況の違いは、(1)彼らがどのような「人種」「性別」であると判断されたか、(2)彼らがどのような主人に購入されたか、の二点にかかっていたのである。

(1)についてはここまで述べてきたとおりである。(2)についていえば、それは中東イスラーム社会のイエのあり方と密接に関わっていたといえよう。この社会においては、奴隷は基本的にイエの一員であり、ある種の「子ども」として家族に受け入れられた。それゆえにこそ一般に奴隷の扱いは穏やかであり、有能な奴隷は主人に引き立てられたのである。彼らは、主人によって育てられ、ときに腹心として信頼され、ときに息子の母として保護された。主人は、家族に対する保護と同じ影響力を奴隷に対して与え、彼らの身柄を守り、衣食住を保障し、教育を授けたのである。

一方、この社会は、主人が「家長」として家族を強力に支配する社会でもあった。妻、娘に対する管理は「家長」に必須の能力であるとされ、息子に対しても肉体懲罰を含む強力な指導力・強制力を発揮していたのである。この家族に対する支配は、当然のことながら、モノである奴隷には、より強く行使された。主人は自らの支配・指導に従わず、怠惰（と主人が判断する行動をとる）な奴隷、主人の指示に従わない奴隷に対しては、「彼らを教導するために」肉体懲罰を与えるのである。このような強力な主人・家長による保護・支配が、奴隷に対する恩顧・虐待の根源に存在するといってよい。父が娘の性を支配する（すなわち父の選んだ相手との婚姻を強制する）こと、妻に性交渉を要求すること、主人が奴隷女性に性交渉を強制することもまた、イエの存続と管理の論理からは、同列の平面に位置するといえよう。

このような社会にあって、奴隷の生活環境、運不運を含めたあらゆる条件は、まさしく「どのような主人に購入されるか」にかかっていたといってよい。この自助性の少なさ、自決力の欠如こそが、イスラーム社会の奴隷の「奴隷性」の根源であるといえるかもしれない。一方で、そのような、個人への隷属性は社会の大部分の自由人にも共通する部分があったといえよう。奴隷と自由人の連続性は、本稿でたびたび指摘した。

そして、奴隷が「子ども」「半人前」とみなされたことが、イスラーム社会においては他者を同化するという大きな社会的プロセスと連動していた。なぜなら、そこでは多くの奴隷が解放され、自由人となることがみこまれたからである。解放とは、すなわち「子ども」が「おとな」になること、独り立ちして社会の成員となることである。イスラーム社会では、男であれ女であれ、テュルク人であれザンジュ人であれ、有力な君主に仕える「王の奴隷」であれ、懲罰される奴隷であれ、奴隷であれば「子ども」であるが、主人の教育・矯正をへてある時点にいたると、その多くは解放されて、ほかの自由人と同じ「おとな」となった。この「子ども」から「おとな」への移行がゆるやかかつ一般的であるのが、イスラーム社会の奴隷制の、もう一つの、そしてより大きな特徴である。

過去のイスラーム社会の奴隷制が穏やかなものであったどうかは一般論にすぎない。そこには、豊かで安楽な生活をした奴隷も、肉体的性的虐待に苦しんだ奴隷も存在し、それを生み出す奴隷制という「制度」が存在した。そして、その同じ制度が、異境からの他者を長い時間をかけて社会に同化させ、社会の多様性を生み出していく、そのような役割をもはたしていたのであった。

参考文献

ウェッバー、トーマス・L（西川進監訳）『奴隷文化の誕生』新評論、一九八八年

高野太輔『アラブ系譜体系の誕生と発展』山川出版社、二〇〇八年

佐藤次高『マムルーク』東京大学出版会、一九九一年

シーガル、ロナルド（設楽國廣監訳）『イスラームの黒人奴隷』明石書店、二〇〇七年

嶋田襄平『初期イスラーム国家の研究』中央大学出版会、一九九六年

清水和裕『軍事奴隷・官僚・民衆』山川出版社、二〇〇五年

清水和裕「中世イスラーム世界の黒人奴隷と白人奴隷――〈奴隷購入の書〉を通して」『史淵』第一四六輯、二〇〇九年

清水和裕「ヤズデギルドの娘たち――シャフルバーヌー伝承の形成と初期イスラーム世界」『東洋史研究』六七-二、二〇〇八年

鈴木英明「インド洋西海域と「近代」――奴隷の流通を事例として」『史学雑誌』一一六／七、一-三三、二〇〇七年

セシジャー、ウィルフレッド（白須英子訳）『湿原のアラブ人』白水社、二〇〇九年

前田弘毅『イスラーム世界の奴隷軍人とその実像』明石書店、二〇〇九年

柳橋博之『イスラーム財産法の成立と変容』創文社、一九九八年

柳橋博之『イスラーム家族法』創文社、二〇〇一年

Ayalon, D., *Eunuchs, Caliphs and Sultans: A Study of Power Relationships,* Jerusalem, 1999

Brown, R. H., "Cultural Representation and Ideological Domination", *Social Forces* 71-3, 1993

Bernards, M. & J. Nawas, *Patronate and Patronage in Early and Classical Islam*, Leiden, 2005

Brockopp, J. E. "Slaves and Slavery" in *Encyclopaedia of the Qur'an,* Leiden, 2006

Crone, P., *Slaves on Horses: The Evolution of the Islamic Polity,* Cambridge, 1980

Crone, P., *Roman, Provincial and Islamic Law: The Origins of the Islamic Patronate,* Cambridge, 1987

Elkins, S. M., *Slavery: A Problem in American Institutional and Intellectual Life,* NewYork, 1959

Floor, W., "Barda and Bardadari, iv. From the Mongols to the Abolition of Slavery" *Encyclopaedia Iranica*, London & Boston, 1989

Forand, P. G., "The Relation of the Slave and the Client to the Master or Patron in Medieval Islam", *International Journal of Middle East Studies*, 2., 59-66, 1971

Gordenberg, D. M., *The Curse of Ham*, Princeton, 2005

Hunwick, J. O. & E. T. Powell, *The African Diaspora in the Mediterranean Lands of Islam,* Princeton, 2002

Hunwick, J. O., "A Region of the Mind: Medieval Arabic Views of African Geography and Ethnography and their Legathy", *Sudanic Africa* 16, 103-136, 2005

Klein, M. A. ed., *Blaking the Chains: Slavery, Bondage, and Emancipation in Modern Africa and Asia*, Wisconsin, 1993

Lewis, B., *Race and Slavery in the Middle East: An Historical Enquiry,* Oxford, 1990

Lovejoy, P. E. ed., *Slavery on the Frontiers of Islam,* Princeton, 2004

Marmon, S. E., "Domestic Slavery in the Mamluk Empire: A Preliminary Sketch", in Shaun E. Marmon ed., *Slavery in the Islamic Middle East,* Princeton, 1-23, 1999

Miura, T. & J. E. Phillips, *Slave Elites in the Middle East and Africa,* London, 2000

de Moraes Farias, P. F., "Models of the World and Categorial Models: The Enslavable Barbarian as a Mobile Classificatory Label", in J. R. Willis ed., *Slaves and Slavery in Muslim Africa, vol1 Islam and the Ideology of Enslavement*, London, 27-46, 1985

Miller, D., "Some Psyco-Social Perceptions of Slavery", *Journal of Social History,* 18-4, 587-605, 1985

Müller, H., *Die Kunst des Sklavenkaufs*, Freiburg, 1980

Patterson, O, *Slavery and Social Death: A Comparative Study,* Cambridge, 1982（邦訳　オルランド・パターソン〈奥田暁子訳〉『世界の奴隷制の歴史』明石書店、二〇〇一年）

Peirce, L. P., *The Imperial Harem: Women and Sovereignty in the Ottoman Empire.* Oxford University Press, 1993

Popovic, A., *La revolte de esclavage en iraq,* Paris, 1976

Sayyda Salema（or E. Ruete）, *An Arabian Princess between Two Worlds*, ed. E. van Donzel, Leiden, 1993

Seng, Y., "A Liminal State: Slavery in Sixteenth-Century Istanbul", in Shaun E. Marmon ed., *Slavery in the Islamic Middle East,* Princeton, 25-42, 1999

Toledano, E. R., *Slavery and Abolition in the Ottoman Middle East,* Seattle, 1998

図版出典一覧

David Ayalon, *Eunuchs, Caliphs and Sultans: A Study in Power Relationships*, Jerusalem, 1999 *61* 左
Edward William Lane, *An Account of the Manners and Customs of the Modern Egyptians*, New York, 2003 *26, 27*
Geoffrey Khan, *Arabic Documents from Early Islamic Khurasan (Studies in the Khalili Collection)*, London, 2007 *16, 22*
James Waterson, *The Knights of Islam: The Wars of the Mamluks*, london, 2007 カバー裏, *67*
Jere L. Bacharach, *Islamic History through Coins*, The American University in Cairo Press, 2006 *63*
Mertol Tulum, Vehbi, *Sûrnâme*, Ankara, 2007 *61* 右
PPS 通信社提供 扉, *68*
ユニフォトプレス提供 カバー表

世界史リブレット101
イスラーム史《し》のなかの奴隷《どれい》
2015年5月25日　1版1刷発行
2021年4月30日　1版3刷発行
著者：清水和裕《しみずかずひろ》
発行者：野澤武史
装幀者：菊地信義
発行所：株式会社 山川出版社
〒101-0047　東京都千代田区内神田1-13-13
電話　03-3293-8131(営業)　8134(編集)
https://www.yamakawa.co.jp/
振替　00120-9-43993
印刷所：明和印刷株式会社
製本所：株式会社 ブロケード
 ISBN978-4-634-34939-1